Serienkulturen: Analyse – Kritik – Bedeutung

Herausgegeben von
M. S. Kleiner, Stuttgart, Deutschland

Weitere Bände in dieser Reihe
http://www.springer.com/series/13105

Die Bände bieten eine spezifische Leitperspektive auf eine Serie oder eine bestimmte Thematik in unterschiedlichen Serien. Ziele der Reihe sind u.a.:

- Vergleichende Analysen der sozialen, politischen, (inter-)kulturellen, lebensweltlich-identitären Bedeutungen der Serien (national/international)
- Vergleichende Analyse des Potentials von Fernsehserien als Analytiker und Kritiker von (historischen und/oder aktuellen) Zeitfragen
- Systematische und umfassende Erforschung der internationalen Serienkulturen von den 1950ern bis zur Gegenwart
- hohe Relevanz für die Film- und Fernsehwissenschaften im Speziellen, die Medien-, Kultur- und Sozialwissenschaften im Allgemeinen
- Publikumsorientierte Ausrichtung und eine entsprechende stilistische Form, hierbei v.a. auch eine deutliche Adressierung von Serien-Fankulturen, und keine exklusiv fachinternen Ausrichtungen der Bände.

Marcus Stiglegger

Auschwitz-TV

Reflexionen des Holocaust in Fernsehserien

Marcus Stiglegger
Universität Mainz
Deutschland

ISBN 978-3-658-05876-0 ISBN 978-3-658-05877-7 (eBook)
DOI 10.1007/978-3-658-05877-7

Die Deutsche Nationalbibliothek verzeichnet diese Publikation in der Deutschen Nationalbibliografie; detaillierte bibliografische Daten sind im Internet über http://dnb.d-nb.de abrufbar.

Springer VS
© Springer Fachmedien Wiesbaden 2015
Das Werk einschließlich aller seiner Teile ist urheberrechtlich geschützt. Jede Verwertung, die nicht ausdrücklich vom Urheberrechtsgesetz zugelassen ist, bedarf der vorherigen Zustimmung des Verlags. Das gilt insbesondere für Vervielfältigungen, Bearbeitungen, Übersetzungen, Mikroverfilmungen und die Einspeicherung und Verarbeitung in elektronischen Systemen.

Die Wiedergabe von Gebrauchsnamen, Handelsnamen, Warenbezeichnungen usw. in diesem Werk berechtigt auch ohne besondere Kennzeichnung nicht zu der Annahme, dass solche Namen im Sinne der Warenzeichen- und Markenschutz-Gesetzgebung als frei zu betrachten wären und daher von jedermann benutzt werden dürften.

Lektorat: Barbara Emig-Roller, Monika Mülhausen

Gedruckt auf säurefreiem und chlorfrei gebleichtem Papier

Springer VS ist eine Marke von Springer DE. Springer DE ist Teil der Fachverlagsgruppe Springer Science+Business Media
www.springer-vs.de

Vorwort von Thomas Koebner

Von der Exilpublizistik und -literatur nach 1933 bis zu Hannah Arendts Kommentar zum Eichmann-Prozess trug man den Streit aus, ob man die Nazis dämonisieren (die Bestie aus dem Abgrund) oder banalisieren sollte (der lächerliche Hausmeister Hitler). Bei dieser Fixierung auf die Verwalter des Grauens trat die Frage ein wenig in den Hintergrund, welche Verletzungen die erbarmungslos Gejagten und Geschundenen zu erleiden hatten – so dass noch ihre Nachkommen sich von diesem Verhängnis traumatisiert wussten.

Spätestens seit Beginn der sechziger Jahre ließen sich viele aus der jüngeren Generation nicht mehr von dem Tabu einschüchtern, das in der ersten Nachkriegszeit Verdrängung und Verschweigen des Dritten Reichs nahe legte: Man solle sich von Auschwitz, Treblinka und den anderen Schreckensorten kein Bild machen, weder von den Tätern noch von den Opfern. Welche Worte, welche Bilder ständen auch zur Verfügung, dem stand zu halten, was dort geschah. Doch Kunst muss auf die Dauer selbst in die Zone des Unvorstellbaren eindringen dürfen. Die Abbildung dieses ‚Höllenkreises' wird immer zu kurz greifen. Doch der Mut, sich sehenden Auges auf das Risiko des Verfehlens einzulassen, ist unverzichtbar für eine Erinnerungskultur, die primär den Verwicklungen der Opfer durch Einfühlung näher kommen will – und sich der Moral einer Aufklärung verpflichtet sieht, der es darum geht, zumindest die Ahnung einer mitmenschlichen Solidarität zu beschwören.

Filme und Fernsehproduktionen (nicht selten inspiriert durch literarische Grenzgänge) erreichen auch ein Publikum, das nicht nur der ‚kulturellen Kaste' zuzurechnen ist. Was dem Büchermarkt nicht gelungen ist: Die amerikanische Serie *Holocaust* hat mit ihrem Titel überhaupt erst den Begriff in Umlauf gebracht, der in aller Munde ist, wenn es darum geht, den Massenmord (vorwiegend) an Juden zu bezeichnen.

Marcus Stiglegger zeigt in seinem kenntnisreichen Überblick über die einschlägigen Fernsehproduktionen in und außerhalb unseres Landes – wobei er auch Serien berücksichtigt, die in Deutschland kaum jemand gesehen haben wird –, dass

Einspruch angebracht ist gegen die häufig wiederholte Klage, die Judenverfolgung im Dritten Reich werde im „Heimmedium" häufig auf eine Familiengeschichte herabgebrochen und im Format des Melodrams verhandelt. Stiglegger würdigt, bedächtig urteilend, die Vielfalt des pragmatischen Umgangs mit dem Ungeheuerlichen und wendet sich gegen den Hochmut der reinen Lehre. Ist denn die transzendierende Heiligung der Shoa als neuer Passionserzählung eine Lösung, die der Sache gerechter wird? Wer so verfährt, nimmt vielleicht eine ‚De-Realisierung' der Vergangenheit in Kauf. Wer indes die Handlung eines einschlägigen Films oder Fernsehfilms unter unbekannten Zeitgenossen oder wenig prominenten Subjekten der Geschichte ansiedelt, Verfolgten, Verfolgern und Zeugen, hofft vermutlich, dass dank einer Dramaturgie der Empathie die ‚Ereignisse' des Holocaust auch als ‚Erlebnisse' gegenwärtig werden.

Es gibt nicht wenige Filme und Fernseh-Versionen, die mit Hilfe traditioneller Ästhetik etwas von dem ins Gedächtnis rufen und verstehen wollen, was den ungeheuerlichen Holocaust ausmacht. Auch diese Produktionen werden im vorliegenden Buch gewürdigt – und zwar in einer Weise, die bemerkenswert frei ist von Vorurteilen und Denk-Schablonen.

Jacob Burckhardt schrieb in der Einleitung zu seinen nachgelassenen *Weltgeschichtlichen Betrachtungen* (1905): „Was einst Jubel und Jammer war, muss nun Erkenntnis werden (…)" Vielleicht sollte dieser Satz ergänzt werden: Wer den Nachhall von Jubel und Jammer noch zu hören imstande ist, dem wird vermutlich am Ende tiefere Erkenntnis zuteil.

München, im Februar 2014   Thomas Koebner

Vorwort des Autors

Das vorliegende Buch untersucht den Einfluss narrativer Fernsehserien auf die Erinnerungskultur im deutschsprachigen Kontext. Es baut auf zwei vorangehenden Forschungsprojekten auf, in denen ich mich mit der Sexualisierung des Nationalsozialismus im Film sowie mit den filmischen Holocaustdarstellungen um 2000 beschäftigt habe. *Sadiconazista. Faschismus und Sexualität im Film* (1999) ist bis heute ein viel zitiertes Standardwerk zu diesem Teilbereich und fand in *Nazi Chic & Nazi Trash. Faschistische Ästhetik in der populären Kultur* (2011) seine Fortsetzung. Die vorliegende Untersuchung *Auschwitz-TV* knüpft dagegen an den vor einer Dekade zusammen mit Alexander Jackob herausgegebenen Band der Reihe *Augenblick:Zur neuen Kinematographie des Holocaust* (2004) an und wirft einen intensiven Blick auf die internationale Fernsehserienproduktion vor allem nach 1978 – jenem Schlüsseljahr, in dem die US-Serie *Holocaust* herauskam.

Die Benennung des organisierten nationalsozialistischen Massenmordes mit der mythologisch aufgeladenen Bezeichnung Holocaust ist nicht unproblematisch und wird in Kapitel I kommentiert. Zur Verwendung des Begriffs in diesem Buch sind zwei Aspekte anzumerken: Der Begriff Holocaust wird im Serienkontext vor allem aufgrund seiner Popularisierung durch die gleichnamige Miniserie verwendet.[1] Er steht in dieser Verwendung nicht nur synonym für die Verfolgung, Vertreibung und Vernichtung der Juden unter der Nazidiktatur, sondern stellvertretend für alle Opfergruppen, also auch Schwule, Sozialisten, Roma etc. Der TV-Historiker Maurice Philip Remy hat eine ähnliche Definition seiner Dokumentarserie *Holokaust* (2000) zugrunde gelegt, die Modifikation des Begriffes (mit „k"[2]) bot

---

[1] So argumentieren auch die Herausgeber im Vorwort von Keitz/Weber (Hrsg.) 2013, S. 12.
[2] Es ist zu vermuten, dass das „k" auf die ursprüngliche Herkunft des Wortes „Holocaust" im Griechischen anspielt, denn der Teil des Wortes, der „brennen" bedeutet, geht auf „kauo" zurück, das im Griechischen mit einem Kappa geschrieben wird – und ein Kappa sieht aus wie ein „k". Daher wird das Kappa meist zum „k", wenn man direkt aus dem Griechischen

sich jedoch für die vorliegende Studie nicht an, da diese ja gerade an die mediale Popularisierung des Begriffes anschließt.

Die Reflexion des nationalsozialistischen Genozids in Fernsehserien, jene „Vorstellung von einem Schreckensort" (Koebner 200, S. 73), wird in diesem Kontext an Serien diskutiert, die im deutschsprachigen Raum seit dem Zweiten Weltkrieg – und schwerpunktmäßig seit 1978 – zu sehen waren. Berücksichtigt wurden vor allem Serien, die sich explizit der aus dem populären Bildarchiv geschöpften Ikonographie des Holocaust bedienen: Standardsituationen wie Verhaftung, Ghettoleben, Deportation, Lageralltag, Vernichtung und Tortur, sowie Flucht verbinden die ansonsten eher unterschiedlichen Beispiele. Als Serie wird hier nicht nur die über 12 oder 13 Folgen laufende, gar mehrere Staffeln umfassende und möglicherweise unabgeschlossene Fernsehserie verstanden, sondern auch die in sich abgeschlossene Miniserie, auf die man in diesem Kontext auffällig häufig stößt, also etwa auch vierteilige Serien wie *Holocaust* selbst. Nicht berücksichtigt werden dagegen Fernsehfilme, die in ein oder zwei Teilen ausgestrahlt wurden, da sich dort keine serielle Erzählform findet. Ebenso finden dokumentarische Ansätze wie Claude Lanzmanns *Shoah* (1985) in diesem Buch keine Berücksichtigung – es soll ausschließlich um die fiktionalisierte und dramatisierte Vermittlung von Zeitgeschichte in serieller Form gehen. Die prototypischen Beispiele bleiben somit *Holocaust, War and Remembrance/ Feuersturm und Asche* (1988) sowie *Ein Stück Himmel* (1982) und *Klemperer – Ein Leben in Deutschland* (1999). Dazu kommen Serien aus anderen Ländern wie *Martin Grey – Schrei nach Leben* (Frankreich 1985) oder *Archiv des Todes* (DDR 1982). Ebenso wird das Vorkommen von Holocaust-Ikonografie in einzelnen Serienfolgen thematisiert, wie die Entdeckung des Konzentrationslagers in *Band of Brothers* (2009).

Der Titel *Auschwitz-TV* signalisiert ebenfalls die hier fokussierte mediale Ikonographie des Holocaust, indem das in Polen eingerichtete Konzentrationslager den Schrecken der nationalsozialistischen Vernichtungspolitik in seinem ganzen Umfang repräsentiert und zu dessen Synonym geworden ist: die Vernichtung durch Zwangsarbeit, die Gaskammern, die Tag und Nacht betriebenen Krematorien, die ‚medizinischen' Experimente. Die im Titel mitschwingende zynische Assoziation – etwa: eine Fernsehsendung ‚live aus Auschwitz' – trägt der Popularisierung im Heimmedium bewusst Rechnung und reflektiert die um 1980 auch in Deutschland intensiv geführte Diskussion über die Fiktionalisierung des Holocaust.

Methodisch ist dieser Band von meinem kulturwissenschaftlichen Hintergrund und dem hermeneutischen Ansatz der Filmanalyse geprägt. Der von mir in *Ritual*

überträgt. Nun ist das Wort Holocaust aus dem Lateinischen übernommen und die Schreibweise mit „k" könnte auch eine „Eindeutschung" andeuten.

und Verführung. Schaulust, Spektakel und Sinnlichkeit im Film (Berlin 2006) entwickelte Ansatz einer Seduktionstheorie des Films, der die komplexen Manipulations- und Vereinnahmungsstrategien des Mediums untersucht, dient hier analytisch ebenfalls als Basis, und das vorliegende Buch mag übertragen betrachtet werden als ein Versuch zur Seduktionstheorie der Fernsehserie.

Das Buch ist in drei einleitende und vier national differenzierte Kapitel gegliedert. Zu Beginn steht eine Diskussion der Begrifflichkeit und der Bedeutung von Film und Fernsehserien für das kollektive Gedächtnis (Kapitel I). Daran schließt ein kleiner filmhistorischer Exkurs an, der die Holocaust-Ikonografie aus filmischen Darstellungskonventionen herleitet und die wechselseitige Beeinflussung zwischen Fernsehen und Film nach der Serie *Holocaust* (1978) kommentiert. In diesem Kapitel II kommt mit Volker Schlöndorff auch ein Filmemacher zu Wort, der sich in beiden Medien mit der deutschen Geschichte auseinandergesetzt hat. In Kapitel III werden die reinszenierten historischen Szenarien als historische Simulakren definiert, wozu Jean Baudrillards Simulakrums-Begriff und Roland Barthes' Konzept der „Mythen des Alltags" auf das Medium Fernsehen angelegt werden. Kapitel IV geht ausführlich auf die amerikanische Familienserie *Holocaust* ein, wobei neben einer Plotanalyse die spezifische Holocaust-Ikonographie sowie die deutsche und internationale Rezeption diskutiert werden. Die Serie kennzeichnet die Geburt des medialen Diskurses, der bis heute nachwirkt und in zahlreichen zeitgenössischen Publikation dokumentiert wurde. Peter Reichel bezeichnet die Serie als medien- und erinnerungsgeschichtliche Zäsur, die „den Beginn der Bereitschaft nun auch eines Massenpublikums, sich mit der NS-Vergangenheit überhaupt auseinander zu setzen" (Reichel 2004, S. 253) markiert. Kapitel V geht dann vergleichend auf deutsche Fernsehserien zum Thema ein, wobei die Serien *Ein Stück Himmel* und *Klemperer – Ein Leben in Deutschland* als primäre Analysebeispiele dienen. Hierbei werden ikonographische Ähnlichkeiten wie auch grundsätzliche konzeptuelle Unterschiede im Umgang mit dem Thema deutlich. In Kapitel VI soll es um die Entwicklungen in amerikanischen Serien nach *Holocaust* gehen, wofür die monumentale Serie *War and Rememberance/Feuersturm und Asche* prototypisch stehen mag. Kapitel VII ergänzt diese Nachwirkungsgeschichte um Beobachtungen in anderen internationalen Produktionen, in Frankreich, aber auch in Osteuropa, wo sich in der sozialistischen Nachkriegszeit eine teilweise andere Einschätzung der historischen Fakten etabliert hatte (was etwa in DEFA-Filmen über Konzentrationslagerszenarien deutlich wird, die sich primär auf politische Häftlinge fokussieren). Dabei wurden auch Forschungsergebnisse von Osteuropa-Spezialistinnen und -Spezialisten einbezogen, um die Perspektive zu erweitern. Das vorliegende Buch bietet so den momentan umfassendsten Einblick in die Reflexion des Holocaust in internationalen Fernsehserien.

Die Bildzitate des Buches wurden vom Autor als Screenshots direkt aus den offiziellen DVD-Versionen der Serien und Spielfilme generiert und stellen einen integralen Teil der Analyse dar. Sie stehen in einem produktiven Wechselspiel mit dem analytischen Text. Zudem vermitteln sie einen lebendigen Eindruck von Serien wie *War and Rememberance*, die inzwischen in Deutschland schwer erhältlich sind.

Die Bibliografie listet die gesamte Literatur auf, die während der Entstehung dieses Bandes ausgewertet wurde. Sie erhebt jedoch keinen Anspruch auf Vollständigkeit angesichts der enormen Menge an Literatur zum Thema. Der Fokus wurde in diesem Fall nachdrücklich auf die deutschsprachige Rezeption gelegt.

Es ist mir eine besondere Ehre, dass ich mit Prof. Dr. Thomas Koebner nicht nur einen für mich persönlich bedeutenden Hochschullehrer und renommierten Filmwissenschaftler für das Vorwort gewinnen konnte, sondern zugleich einen bekannten Exilforscher, der sich in eigenen Texten intensiv mit der Holocaust-Thematik auseinandergesetzt hat.

Ich bedanke mich bei folgenden Personen, ohne die dieses Buch nicht möglich gewesen wäre: Marcus S. Kleiner und Thomas Koebner sowie Marcel Barion, Jörg von Brincken, Günter Giesenfeld, Annette Insdorf, Alexander Jackob, Heiko Nemitz, Sandra Nuy, Elke Schieber, Lisa Schoss, Georg Seeßlen, Rüdiger Sünner; und von ganzem Herzen: Nadine Demmler für Lektorat und wertvolle Hinweise.

Mainz, im Januar 2014　　　　　　　　　　　　　　　　　　　　Marcus Stiglegger

Literatur

Koebner, Thomas. 2000. Vorstellungen von einem Schreckensort. Konzentrationslager im Fernsehfilm. In *Vor dem Bildschirm. Studien, Kritiken und Glossen zum Fernsehen*, (Hrsg.) ders. St. Augustin: Gardez, 73–91.
Reichel, Peter. 2004. Erfundene Erinnerung. Weltkrieg und Judenmord in Film und Theater. München: Hanser.
von Keitz, Ursula, und Thomas, Weber. Hrsg. 2012. Mediale Transformationen des Holocausts. Berlin: Avinus.

Inhaltsverzeichnis

1 Fernsehserien als populäres Bildarchiv. Eine Einleitung 1

2 Entstehung einer audiovisuellen Holocaust-Ikonografie 9

3 Mediale Bilder als historische Simulakren 29

4 Die TV-Serie *Holocaust.* Die Geburt eines medialen Diskurses 35

5 Der Holocaust im deutschen Fernsehen. Alltagsbilder aus dem Nazireich 47

6 Der Holocaust im amerikanischen Fernsehen. Vom Hyperrealismus zum historischen Simulakrum 65

7 Präsenz des Holocaust im internationalen Fernsehen 77

8 Fazit 87

Filmografie 91

Literatur 93

Zum Autor

Dr. habil. Marcus Stiglegger lehrt(e) Filmwissenschaft an den Universitäten Siegen, Mainz, Mannheim und Clemson/SC. Er hat neben seiner Dissertation über *Faschismus und Sexualität im Film* (1999) zahlreiche Schriften zur Darstellung des Holocaust veröffentlicht, an die er mit diesem Band anknüpft: Marcus Stiglegger: *Sadiconazista – Sexualität und Faschismus im Film der siebziger Jahre bis heute*, St. Augustin 1999 (2. Auflage 2000); Alexander Jackob/Marcus Stiglegger (Hrsg.): *Augenblick Nr. 36: Kinematographie des Holocaust. Kino als Archiv und Zeuge?*, Marburg 2005; Thomas Klein/Marcus Stiglegger/Bodo Traber (Hrsg.): *Filmgenres: Kriegsfilm*, Stuttgart 2006; Marcus Stiglegger (Hrsg.): *Stille||Silence. Euthanasie in Hadamar 1941–1945*, Mainz 2009; Marcus Stiglegger: *Nazi Chic & Nazi Trash. Faschistische Ästhetik in der Populärkultur*, Berlin 2011; Von Berlin nach Salò. Sexualisierung von Politik im italienischen Kino der 1970er Jahre. In: Francesco Bono/Johannes Roschlau (Hg.): *Tenöre, Touristen, Gastarbeiter. Deutsch-italienische Filmbeziehungen*, München 2011, S. 119–132; ‚Sadiconazista' Die Sexualisierung des Holocaust im italienischen Kino zwischen 1969 und 1985. In: Claudia Bruns/Asal Dardan/Anette Dietrich (Hrsg.): *„Welchen der Steine du hebst" Filmische Erinnerungen an den Holocaust*, Berlin 2012, S. 192–207; Cinema Beyond Good and Evil? Nazi exploitation in the cinema of the 1970s and its heritage. In: Elizabeth Bridges, Dan Magilow and Kris van der Lugt (eds.): *Nazisploitation. The History, Aesthetics and Politics of the Nazi Image in Low-Brow Film and Culture*, London/New York 2012, S. 21–37.

Fernsehserien als populäres Bildarchiv. Eine Einleitung

> Holocaust gehört zu jenen starken Wörtern der Bibel, die auf dem Umweg über das Englische nun zu uns kommen. [...] Im sehr christlichen und bibelkundigen England wurde „holocaust" schon früh von Schreibern verwandt, die eine schreckliche Begebenheit verdeutlichen wollten.
>
> Rudolf Walter Leonhardt (in: Märthesheimer/Frenzel 1979, S. 10)

‚Holocaust' – mit der Popularisierung dieses Begriffes im medialen Kontext seit den frühen 1980er Jahren geht von Anfang an die Frage einher, inwieweit ein von vielen Gruppen als unbeschreibbar eingestuftes Ereignis überhaupt mit einem wiedererkennbaren Oberbegriff bezeichnet werden kann und soll. „Aus dem Vokabular des Sakralen geliehen, meint ‚Holocaust' das Ganzbrandopfer. Die theologische Note ist dabei gerade in säkularisierter Form ebenso prekär wie der Gebrauch von Bezeichnungen wie ‚Endlösung'[1], ‚Vernichtung', ‚Shoa' (hebräisch für Zerstörung, Katastrophe). Denn sie alle umschreiben lediglich die Aspekte eines Phänomens, das sich als solches dem begrifflichen (nicht dem sprachlichen) Zugriff soweit entzieht, dass die Frage, wie es als solches zu fassen, abzugrenzen und zu identifizieren sei, unabschließbar bleibt" (Goetschel 1997, S. 131). Giorgio Agamben geht in seinem Urteil zur problematischen Verwendung des Begriffs Holocaust einen Schritt weiter: „Wenn [...] mit dem ‚Holocaust' eine auch nur entfernte Verbindung zwischen Auschwitz und biblischen *olah*, zwischen dem Tod

---

Teile dieses Kapitels basieren auf einem Band der medienwissenschaftlichen Schriftenreihe Augenblick: Band 36. Zur neuen Kinematographie des Holocaust, Marburg 2004, speziell S. 5–9, 26–38.

---

[1] Der Begriff „Endlösung" entstammt dem Nazi-Jargon, wurde aber dennoch auch in der Nachkriegszeit als Bezeichnung für den Genozid gebraucht. Siehe Kapitel V.

Abb. 1.1 *Holocaust* von Marvin Chomsky. (© USA 1978, NBC)

in den Gaskammern und der ‚vollkommenen Hingabe an heilige und höhere Ziele' hergestellt wird, dann kann das nur wie Hohn klingen" (Agamben 2003, S. 27 f.). Es waren jedoch nicht die Historiker, die den entscheidenden Beitrag zu einer festen Verankerung des problematischen Begriffes „Holocaust" (Agamben 2003, S. 25–28) und der mit ihm verbundenen nationalsozialistischen Verbrechen im öffentlichen Bewusstsein und der kollektiven Erinnerung in Europa und den USA lieferten. Verglichen mit der Wirkung einer im Fernsehen als Melodrama inszenierten Familiensaga, die im Teufelskreis der nationalsozialistischen Verbrechen spielte, schienen ihre Leistungen mit einem mal nicht viel mehr wert zu sein, als die Schauplätze von Verfolgung und Vernichtung von fiktiven Figuren als historische Wahrheit zu bestätigen. Die Miniserie *Holocaust*, deren Ausstrahlung 1978 in den USA ca. 100 Mio. Zuschauer verfolgten,[2] erreichte in West-Deutschland ein Jahr später etwa ein Publikum von 16 Mio. Die anhand der fiktiven Figuren von Opfern und Tätern erzählte Geschichte in *Holocaust* zeigte zahlreiche tatsächliche Stationen und Schauplätze nationalsozialistischer Verbrechen und der Verfolgung und Vernichtung der europäischen Juden. Entscheidend allerdings war, dass die in einem dramaturgisch einfachen und verständlichen Handlungsschema gezeigten Bilder den Stoff nahe an die konventionalisierten Inszenierungsschemata der allabendlichen Fernsehunterhaltung heranrückte (Abb. 1.1).

---

[2] „Der lange Zeit als nicht darstellbar geltende Holocaust wird hier am Schicksal der fiktiven Familie Weiss behandelt, die Familienmitglieder erleben zahlreiche Varianten von Verfolgung und Widerstand. Ihr steht die Familie eines SS Offiziers gegenüber". Hickethier 1998, S. 355.

1 Fernsehserien als populäres Bildarchiv. Eine Einleitung

Aus mediengeschichtlicher Perspektive kann dieses Fernsehereignis als ein tiefer Einschnitt innerhalb der gesellschaftlichen Rolle des Massenmediums Fernsehen beschrieben werden. *Holocaust* hinterließ in Deutschland vor allem in der Generation der Töchter und Söhne der Täter einen nachhaltigen, fast könnte man sagen, ersten tiefen Eindruck. Dass dieser Eindruck jedoch auf die Ausstrahlung einer fiktionalen Miniserie zurückging, die den bis dahin üblichen Duktus distanzierter Sachlichkeit schlichtweg mit Absicht unterlief, muss als ein wichtiger Hinweis auf den tiefgreifenden Wandel im gesellschaftlichen und medialen Umgang mit der Geschichte des Völkermords des Dritten Reiches verstanden werden. Von nun an hatte die unter den Nationalsozialisten verübte Massenvernichtung einen Namen, den jeder kannte. Zugleich wurde der Ausdruck des nüchternen Dokumentierens um das wirksame Inszenieren von Bildern in publikumswirksamen Spannungsdramaturgien erweitert.

Die Nachhaltigkeit dieses Phänomens lässt sich aus heutiger Perspektive nicht nur an der Reihe von Kinospielfilmen absehen, die in den neunzehnhundertachtziger Jahren versuchten, an Erfolg und Wirkung von *Holocaust* anzuschließen. Auch das Fernsehen reagierte international auf dieses Phänomen. So wurde der Deutsche Edgar Reitz dadurch zu seiner langlebigen Familiensaga *Heimat* (1982 ff.) inspiriert, die quasi die ‚andere Seite' Nazideutschlands zeigte, den Holocaust selbst allerdings lediglich in Dialogen thematisierte, was Gertrud Koch zu der Bemerkung veranlasste, dass um den „Mythos Heimat" erzählen zu können, das „Trauma Auschwitz aus der Geschichte ausgeklammert werden müsse" (Koch 1985, S. 108). Franz Peter Wirth drehte die Miniserie *Ein Stück Himmel* (1982) nach den Memoiren von Janina David, die Ähnlichkeiten zum Schicksal der Anne Frank aufweisen. In den USA setzte *War and Remembrance/Feuersturm und Asche* (1988 ff.) auf monumentale Weise die Erfolgsserie *The Winds of War/Feuersturm* (1983) nach Herman Wouks Romanen fort, die ähnlich wie *Holocaust* das Schicksal einer Familie mit Krieg und Völkermord verknüpfte. Auch die von Steven Spielberg und Tom Hanks produzierte Doku-Fiction-Serie *Band of Brothers* (2009) ließ die GIs in der Folge „Why we fight" (Teil 9) ein verlassenes Konzentrationslager entdecken. Der vorliegende Band wird die Entstehung von Marvin J. Chomskys *Holocaust* aus der Tradition der TV-Familiensagas (z. B. *Roots*) herleiten und nah am Material untersuchen, welches Bild der historischen Ereignisse diese Fernsehserie und spätere Produktionen inszenieren. Zudem wird die Auswirkung der Serie bis heute verfolgt und veranschaulicht, auch und vor allem im deutschen Fernsehen und in international erfolgreichen US-amerikanischen Produktionen.

Die Nachhaltigkeit dieses Phänomens lässt sich aus heutiger Perspektive zudem an der Reihe der für ein großes Kinopublikum produzierten Spielfilme absehen, die in den neunzehnhundertachtziger Jahren versuchten, an Erfolg und Wirkung von *Holocaust* anzuschließen. Auch hier zeigte sich analog zum und in Wechselwirkung mit dem Fernsehen der grundlegende Wandel im Umgang mit dem heiklen Thema: Filme entstanden nun auf der Basis der kommerziellen und vor allem ästhetischen Mittel (u. a. Dramaturgien, Bildinszenierungen und Besetzungspolitik im Starsystem Hollywoods) des Unterhaltungskinos. Dass dabei allerdings immer wieder auch Produktionen auffielen, die über komplexe Erzählführung und den offenkundig reflektierten Einsatz ihrer Ausdrucksmittel das Fernsehen weit hinter sich ließen, zeigt sich unter anderem an Kinofilmen wie Alan J. Pakulas *Sophie's Choice/Sophies Entscheidung* (1982). Anfänglich spielt der Film absichtlich auf einen „klassischen" Hollywood-Plot der 40er und 50er Jahre an: Ein naiver junger Mann kommt nach New York, um Schriftsteller zu werden und trifft auf ein Paar, das ihn in das neue Leben einführt. Im Laufe des Films, der als Rückblick des erwachsenen Schriftstellers (Stimme aus dem Off) erzählt wird, zerbröckelt die filmisch-dramaturgische Idylle. Es stellt sich über rückblickende Bilderzählungen schließlich heraus, dass die Frau an einem nicht auflösbaren traumatischen Erlebnis leidet. Auf der Rampe von Auschwitz wurde sie vor die Wahl gestellt, eines ihrer beiden noch kleinen Kinder ‚behalten' zu dürfen, während das andere sicher ins Gas geschickt würde. Mit der Aussage „nehmen sie das Mädchen" ist Sophies Entscheidung gefallen und ihr Leben zerstört. Problematisch konventionell ist dabei die Kopplung des dramaturgischen Höhepunktes des Filmes mit dem ‚bewegenden' Augenblick von Sophies Entscheidung. Andererseits wird über die Erzählungen im Rückblick das Verhältnis von Film-Bild und traumatischem Bild in eine kritische und bedenkenswerte Beziehung gesetzt. Ganz zuletzt schließt der Film wieder klassisch: Am Ende spricht das gereifte und stabilisierte Ich des Schriftstellers aus dem Off.

Doch letztlich mussten gerade diese in ihren Mitteln anspruchsvolleren Filme auch jene grundsätzliche Debatte zuspitzen, die bis heute über alle Medien hinweg als Frage nach der Legitimität ‚künstlerischer' Verarbeitungen des Völkermordes der Nationalsozialisten geführt wird. Zum einen, so der Literaturwissenschaftler Matías Martínez, könne die Kunst unmöglich das größte Verbrechen des zwanzigsten Jahrhunderts ignorieren, zum anderen jedoch sei eine solche Kunst im Grunde unmöglich, „ […] weil sich der Holocaust nach Meinung vieler in besonderer, vielleicht sogar einzigartiger Weise gegen ästhetische Gestaltung sperrt" (Martinez 1997, S. 36). Hinsichtlich dieses komplexen Problems stellt der Film Steven Spielbergs *Schindler's List/Schindlers Liste* (1993) eine entscheidende Zäsur dar. Denn hier wurde die immer wieder unter Legitimationsdruck geratene Symbiose von kommerzieller Produktion und ethischem Auftrag bei einem großen Publikum und weiten Teilen der Kritik als gelungen wahrgenommen. „Anders als Marvin Chomskys und Gerald Greens *Holocaust* schien der Hollywood-Film nach dem Urteil vieler Kritiker den Konflikt zwischen populärer Rezipierbarkeit, ästhetischem Anspruch und thematischer Angemessenheit gelöst zu haben" (Martinez 1997, S. 37).

Doch nicht nur in dieser Hinsicht muss *Schindler's List* als ein besonderer Wendepunkt verstandenen werden. Denn wenn man Spielbergs Film vor allem als ein gesellschaftliches Phänomen betrachtet (was er ohne Zweifel war und ist), bieten sich zahlreiche Lesarten an, von denen hier lediglich zwei angedeutet werden können:

Zum einen lässt sich angesichts von *Schindler's List* vermuten, dass mit diesem Film in den 1990er Jahren eine Entwicklung zu ihrem vorläufigen Ende gekommen ist, die in den 1970er Jahren mit der Miniserie *Holocaust* ihren Anfang genommen hatte: Mehr und mehr hatte sich neben der unmittelbaren Zeugenschaft der Opfer und Täter des KZ-Terrors eine Erinnerungskultur etabliert, die den Zugang zu den Ereignissen im Umfeld des Naziterrors anhand von filmischen Inszenierungen und immer neu zu bestimmenden Inszenierungsintentionen suchte. Da jetzt aber die Zeugen zunehmend aus dem öffentlichen Leben zurücktreten, müssen auch unter diesem Gesichtspunkt Intentionen und Prinzipien neuerer und auch älterer Filme kritisch untersucht werden. Wenn wir dabei mit Jan Assmann die Zeugen als Träger des kommunikativen Gedächtnisses, die Repräsentationen (als Inszenierung) der nachfolgenden Generationen hingegen mehr und mehr als Teil des *medial verfassten* kulturellen Gedächtnisses verstehen, dann gilt es angesichts der vorliegenden Thematik nicht nur den Übergang vom kommunikativen zum kulturellen Gedächtnis zu untersuchen, sondern umgekehrt auch jene Prozesse in den Blick zu nehmen, in denen Bestandteile des kulturellen Gedächtnisses auf das kommunikative Gedächtnis einwirken (Assmann 1997, S. 50 f.). Zum anderen gab sich mit *Schindler's List* das audiovisuelle Medium Film deutlich wahrnehmbar als ein wichtiges Archiv zu erkennen, dessen Bedeutung für die Identitätsbestimmung unserer Gegenwartskultur weiterhin zunimmt (Abb. 1.2).[3]

Es lässt sich also resümieren: Die Vergangenheit existiert, weil wir uns an sie erinnern. Der soziale Rahmen und eine spezifische Wissensordnung prägen und determinieren diesen Prozess des Bewusstwerdens der Vergangenheit. Innerhalb einer Gemeinschaft wird so ein kohärentes Wissen mit räumlichem und zeitlichem Gültigkeitsanspruch konstruiert. Dieses Wissen umfasst die Kenntnisse über die Vergangenheit und dient etwa als Basis für die Konstruktion einer kulturellen Identität. Medien dienen der Speicherung, aber auch der Überlieferung von Wissen *aus* der Vergangenheit und *über* die Vergangenheit. Die mediale Form und die Rahmenbedingungen der Medienproduktion prägen die gespeicherten und vermittelten Inhalte – und somit auch das Wissen über die Vergangenheit. Der fiktionale Spiel-

---

[3] Diese Entwicklung hat sich gerade in den neunzehnhundertneunziger Jahren durch die massenhafte Verbreitung der modernen Speichertechniken Video, DVD und Blu-ray verstärkt.

Abb. 1.2 *Schindler's List* von Steven Spielberg. (© 1993 Universal)

film und die Fernsehserie sind in ihrer Funktion als narratives und audiovisuelles Medium besonders gut geeignet, eine räumlich- und zeitlich begrenzte kohärente Vorstellung über die vom Zuschauer nicht unmittelbar erlebte Vergangenheit zu evozieren.[4] Wenn wir nun davon ausgehen, dass das Archiv des Films als Schwelle zwischen dem kulturellen und kommunikativen Gedächtnis in seinem Bestand letztlich nur durch die kritische Reflexion der Zuschauer und deren Diskurs über (alte und neue) Filme und Serien existiert, dann soll das vorliegende Buch als kritischer Impuls zum Umgang mit der Archivfunktion audiovisueller Medien verstanden werden.

In diesem Kontext wird das Konzentrationslager – oder Auschwitz *pars pro toto* – in aller Deutlichkeit als jener Ort gezeigt, der zum Paradigma als Ort moderner Biopolitik totalitärer Systeme erkennbar wird – eine Erkenntnis, die Michel Foucault in seiner Theorie über die ‚Bio-Macht' nur andeutete (Foucault 1983, S. 161–190). Das Konzentrationslager als Ort, an dem die perfide Biopolitik eines modernen totalitären Regimes ihren Anfang nahm, und heute, als Teil demokratischer Diskurse, mehr denn je zur kritischen Aufmerksamkeit disponieren sollte. Ob Film und Serie als weltweit rezipierte ‚Archive und Zeugen' der Geschichte einen entscheidenden Teil dazu beitragen können, fragt sich die vorliegende Untersuchung in der konkreten Beispielanalyse.

---

[4] Diese Passage ist das Resultat einer Diskussion mit Salomé Weber.

1 Fernsehserien als populäres Bildarchiv. Eine Einleitung

Der deutsche Filmkritiker und -theoretiker Siegfried Kracauer betrachtete den Film als eine „Errettung der physischen Realität", wie er im Untertitel seiner *Theorie des Films* (1960) andeutete. Hier unternahm Kracauer u. a. den Versuch einer Wirkungsanalyse des Films. Obwohl der Autor zugesteht, dass sich diese Wirkungsforschung nicht durchweg verallgemeinern lässt, finden sich gerade hier wichtige Beobachtungen, die später noch von großem Wert sein werden: Wie vor ihm Rudolf Arnheim differenziert er jene „Effekte" des Films, mit denen der Zuschauer gebannt werden kann. Die Kamera „nimmt das Auge mit" (Béla Balázs), sie „zwingt" (Rudolf Arnheim) den Zuschauer in eine unwillkürliche Identifikation mit dem Gezeigten. Kracauer zitiert hier Henri Wallon: „Wenn das Kino seine Wirkung ausübt, so darum, weil ich mich mit seinen Bildern identifiziere, weil ich mehr oder weniger mein Ich vergesse über dem, was auf der Leinwand vor sich geht. Ich bin nicht mehr in meinem eigenen Leben, ich bin in dem Film, der sich vor mir abspielt" (in: Kracauer 1985, S. 217). Kracauer spricht von einem „reduzierten Bewußtsein" des Filmrezipienten und bezeichnet damit vor allem das Selbst-Bewusstsein des Zuschauers. Insofern der Film dieses Selbst-Bewusstsein temporär auflösen kann, ist er auch in der Lage, etwas an diese Stelle zu setzen. Die Vereinnahmung des Zuschauers mittels filmischer Mechanismen (die Seduktion nach Stiglegger 2006) lenkt dessen Sinne und geschwächtes Bewusstsein. Das Medium öffnet den Zuschauer für die Aufnahme möglicherweise zunächst unerwünschter – meist jedoch ersehnter – Motive und Botschaften (die Publikumserwartung). Hier findet sich ein erster Erklärungsansatz, wie es ein Film schaffen kann, einen an sich ‚gefestigten' Zuschauer vom moralischen Standpunkt A zu einem unerwarteten Standpunkt B zu bringen, der diesem zunächst undenkbar und fremd erscheint. Kracauer geht so weit, diese Qualität des Mediums verselbstständigt zu sehen: „[…] wonach [die Zuschauer] wirklich verlangen, ist, einmal vom Zugriff des Bewußtseins erlöst zu werden, ihr Ich im Dunkeln zu verlieren und die Bilder, wie sie gerade auf der Leinwand einander folgen, mit geöffneten Sinnen zu absorbieren" (Kracauer 1985, S. 218).

Kracauer geht noch einen Schritt weiter und betrachtet das Kino als ein Medium der Hypnose. Der Zuschauer sei von dem leuchtenden Rechteck gebannt und erliege den Suggestionen, „die in sein leeres Inneres eindringen" (Kracauer 1985, S. 218). Über diesen Moment des Suggestiven schließt sich auch der Bogen zurück zum Film als einem prädestinierten Medium der Propaganda. Film kann durch die beschriebene Vereinnahmung der Sinne direkt auf das „Innere" des Publikums einwirken und es zu Standpunkten ‚verführen', die es zuvor rational abgelehnt hätte. Diese Mechanismen lassen den Film noch heute als ein ‚gefährliches' Medium erscheinen, das umfassend zensiert und kontrolliert werden müsse, denn das Medium könne seine ‚wahren Absichten' verschleiern, könne auf sinnlichem Wege schließlich zu etwas ‚Anderem' verführen, als es zunächst den Anschein habe.

Siegfried Kracauers Idee der „Errettung der physischen Wirklichkeit" im Medium Film korrespondiert sehr stark mit einer Idee, sich ein Bild auch vom Schrecklichsten zu machen, was bedeutet, dieses zu erfahren, es ‚wirklich zu machen'. Auch hier liegt ein seduktives (verführerisches) Moment des Mediums im produktiven Sinne: Der Medusa – jenem mythischen Schreckensbild – ins (gespiegelte) Gesicht zu blicken... Schreckensbilder, „die um ihrer Selbst willen erscheinen, locken [...] den Zuschauer, sie in sich aufzunehmen, um seinem Gedächtnis das wahre Angesicht von Dingen einzuprägen, die zu furchtbar sind, als daß sie in der Realität wirklich gesehen werden könnten" (Kracauer 1985, S. 396). Diese Dinge, von denen man sich in der Realität abwendet, in einem filmischen Spiegel zu erblicken, hieße nach Kracauer, sie zu „erfahren" (Kracauer 1985, S. 296). Und so könne Film helfen, die „physische Wirklichkeit", selbst die der Massenvernichtungslager des Dritten Reiches, zu „erretten": „Wenn" „erfahren" „erblicken" heißt, dann wäre die Massenvernichtung nur erfahrbar, soweit sie visualisierbar wäre. Visualisierbar ist nur, was konkreten Charakters ist, was der Welt physischer Dinge zugehört. In Kracauers ontologischer Unterfütterung des Optischen, des Bildes als „Errettung der physischen Wirklichkeit", liegt in der Tat ein geradezu maßloses Vertrauen, daß „im Transfer ins Bild sich verflüchtigt, was gegen Errettung immun ist" (Koch 1996, S. 145). Wichtig sei nach Kracauer also ganz grundsätzlich der Blick in den Spiegel, um wenigstens dort das Antlitz des Schreckens zu erblicken, dem wir uns sonst nur allzu gerne entziehen. Gertrud Koch verweist in diesem Zusammenhang darauf, dass die Besucher der realen Leichenberge in befreiten Konzentrationslagern ihren Blick abgewendet hätten, Dokumentarfilme davon jedoch gebannt angesehen hätten (Koch 1996, S. 142). Folgt man Kracauer, so sind es gerade die narrativen audiovisuellen Medien, also Spielfilm und Fernsehfilm, die das Spiegelbild der Medusa reproduzieren könnten.

Entstehung einer audiovisuellen Holocaust-Ikonografie

Eine kurze Geschichte der Darstellung des Holocaust in Kino- und Fernsehfilm

Indem das Kino uns die Welt erschließt, in der wir leben, fördert es Phänomene zutage, deren Erscheinen im Zeugenstand folgenschwer ist. Es bringt uns Auge in Auge mit Dingen, die wir fürchten. Und es nötigt uns oft, die realen Ereignisse, die es zeigt, mit den Ideen zu konfrontieren, die wir uns von ihnen gemacht haben.
Siegfried Kracauer (1985, S. 395)

Die Aufarbeitung des nationalsozialistischen Völkermordes in Form von Spielfilmen ist bereits vielerorts diskutiert und dokumentiert worden. Es erscheint jedoch sinnvoll, im Rahmen dieser Untersuchung neuer Tendenzen die wesentlichen Strömungen innerhalb der Filmgeschichte noch einmal zu vergegenwärtigen, um die aktuellen Entwicklungen aus diesem Kontext heraus verständlich zu machen. Insofern hat dieser Abriss nicht den primären Anspruch, neue Erkenntnisse zu gewinnen, sondern die wesentlichen Beispiele noch einmal zu dokumentieren.

Wie sich leicht vorstellen lässt, entwickelte sich die filmische Aufarbeitung der Ereignisse unter der nationalsozialistischen Okkupation zunächst schleppend, durchlief dann mehrere eher tastende Phasen, bis sich mit dem Ende der 1970er Jahre schließlich eine der ‚Auschwitz-Literatur' vergleichbare filmische Vermittlungsform etabliert hatte, in deren Rahmen sich eine eigene Ikonografie des Völkermordes und der Konzentrationslager herausbildete. Auslöser hierfür war vor allem die amerikanische Fernsehserie *Holocaust*, es bleibt also auch hier nicht aus, den Blick vom Kinofilm auch Richtung Fernsehen zu richten, um die entsprechende intermediale Wechselwirkung mit berücksichtigen zu können. Dieser kursorische Überblick berücksichtigt ausschließlich jene Filme, die sich nach 1945 explizit mit Ereignissen um den Holocaust auseinandersetzen, nicht jedoch jene

Abb. 2.1 *Ostatni etap* von Wanda Jakubowska (© 1947 P.P. Film Polski)

Filme, die sich lediglich mit dem Nazi-Regime beschäftigen (bzw. zeitlich früher entstanden sind).

Bereits der Filmtheoretiker Béla Balázs betonte in einer Filmkritik, die erst im Nachlass erschlossen wurde (von Hanno Loewy), der polnische Film *Ostatni etap/ Die letzte Etappe* (1947) von Wanda Jakubowska habe eine eigene Gattung begründet, womit er nahezu prophetisch dem ‚Holocaustfilm' einen ähnlich emblematischen Charakter verlieh, wie es auch für die ‚Auschwitz-Literatur' zutrifft. Hier wurde das Schicksal einer Gruppe weiblicher Häftlinge inszeniert, und zwar mit zum Teil Laiendarstellerinnen, Überlebenden von Auschwitz, die hier in die Baracken des Lagers zwei Jahre nach Kriegsende zurückkehrten (Abb. 2.1). Zahlreiche Darstellungskategorien der filmischen Holocaust-Aufarbeitung tauchten hier bereits auf: die Appell-Situation, die Denunziation, die Tortur, und vor allem: die nächtliche Ankunft der Häftlingswaggons, mit matschigem Lehmboden und wirbelnden Flocken von Asche oder Schnee… Bereits Alain Resnais zitierte diese Szene in *Nuit et bruillard/Nacht und Nebel* (1953), George Stevens integrierte sie direkt in einen Alptraum aus *The Diary of Anne Frank/Das Tagebuch der Anne Frank*, und nicht zuletzt Steven Spielberg stellte sie in seinem Film *Schindler's List* originalgetreu nach. Loewy betont in seinem Aufsatz „Fiktion und Mimesis", dass diesem Film, der unmittelbar nach dem historischen Grauen als Rekonstruktion entstanden war, selbst bereits der Status eines verlässlichen Dokuments zugemessen werde (Fröhlich et al. 2003, S. 37).

Schon kurz nach dem Krieg produzierte der deutsche Produzent jüdischer Herkunft Arthur Brauner mit seiner CCC-Produktion einen Film über den Holocaust: *Morituri* (1948) von Eugen York behandelt mit dokumentarisch-nüchterner Geste die Flucht einer Gruppe von KZ-Häftlingen sowie jüdischer und polnischer Familien, die in einem Versteck im Wald die rettende Ankunft sowjetischer Truppen

Abb. 2.2 *Nuit et bruillard* von Alain Resnais (© 1955 Argos Films)

erwarten. Teile dieses Films orientieren sich an dem Roman „Das siebte Kreuz" der Mainzer Schriftstellerin Anna Seghers, in dem diese ebenfalls die Flucht von sieben Häftlingen beschreibt, die von dem Kommandanten gnadenlos gejagt werden. Sieben Kreuze hat er errichten lassen, von denen nur das letzte leer bleibt, da einem Flüchtigen durch die Hilfsbereitschaft einiger Dorfbewohner endgültig die Flucht gelingt. Bereits 1944 hatte Fred Zinnemann danach den unpathetischen Spielfilm *The Seventh Cross/Das siebente Kreuz* mit Spencer Tracy in der Hauptrolle inszeniert, der in Deutschland allerdings erst 1972 im Fernsehen zu sehen war. Kommerzieller Erfolg war *Morituri* damals nicht zugekommen, da sich das Publikum offenbar nicht reif für diese Thematik fühlte bzw. Ablenkung der Erinnerungsarbeit vorzog (Hickethier in: Kramer 2003, S. 117–118).

Eines der bedeutendsten filmischen Zeugnisse der fünfziger Jahre über das Lagersystem ist jedoch kein Spielfilm, sondern ein essayistischer Dokumentarfilm. In *Nuit et bruillard* verarbeitete Alain Resnais neben selbst gedrehtem Material erstmalig auch jene von den Alliierten gedrehten Szenen der Lagerbefreiung, bei der sie Massen von Toten vorfanden. Resnais etablierte in seinem sehr subjektiven und poetischen Film auch die später für den Holocaust-Film so prägnante „meaningful montage" (Insdorf 1983) von Vergangenheit und Gegenwart, die auf reflektierende Weise den Zusammenhang zwischen Geschichte und Erinnerung, zwischen Vergangenheit und Gegenwart aufzeigt (Abb. 2.2). Insofern ist der Einfluss dieses umfassend rezipierten nicht-fiktiven Films auf die spätere Spielfilmproduktion nicht zu unterschätzen. Hickethier betont, dass die Bundesregierung die Vorführung von *Nuit et bruillard* in Cannes seinerzeit zu verhindern suchte, da sie um das Ansehen Deutschlands in der Welt fürchtete (Hickethier in Kramer 2003, S. 118).

Egon Monk versuchte in seinem in kargem Schwarzweiß gedrehten Fernsehfilm *Ein Tag* (1966), den Alltag der Häftlinge eines Konzentrationslagers nachzuvollziehen. Er bedient sich dabei einer nüchternen, kontrastreichen Fotografie und betont vor allem die alltägliche Banalität und Tristesse der ungewissen Existenz zwischen Leben und Tod. Vor allem die unprätentiöse Darstellung, die Betonung des bürokratischen Terrors brachte diesem Film viel Zuspruch ein. So steht er für den Exilforscher Thomas Koebner noch immer im Zentrum der filmischen „Vorstellungen von einem Schreckensort" (Koebner 2000). Monk kommentierte später: „Sie alle kennen jene Themen, von denen es in den ersten zehn Jahren nach dem Krieg hieß, es sei noch zu früh für ihre Darstellung, und von denen man in den darauf folgenden zehn Jahren bis zur Jetztzeit plötzlich und übergangslos sagte, nun sei es zu spät. Das Konzentrationslager ist eines dieser Themen" (Monk 1966, S. 1).

Eine der langlebigsten literarischen Quellen des Holocaustkinos ist „Das Tagebuch der Anne Frank", die autobiografischen Aufzeichnungen eines dreizehnjährigen jüdischen Mädchens, das vom Juli 1942 bis zum August 1944 auf dem Dachboden eines Amsterdamer Hauses versteckt lebte. Die weitgehend sachlichen Notizen des Mädchens dokumentieren Angst vor dem Entdecktwerden, Hoffnung auf Rettung und ein Ende des Krieges, aber auch Momente des Alltäglichen in der Extremsituation. Die streng personale Perspektive macht dieses Dokument zu einer erschütternden Auseinandersetzung mit der Situation der Verfolgten des Dritten Reiches. *The Diary of Anne Frank* von Stanley Kramer war 1953 die erste Hollywoodverfilmung des Stoffes und basierte primär auf dem gleichnamigen Theaterstück, das nach dem Tagebuch verfasst war. Es gelingt Kramer, diesen Stoff in all seiner Ernsthaftigkeit mit den Mechanismen des Hollywoodkinos zu vermitteln, was nicht zuletzt der Besetzung mit Millie Perkins zu verdanken ist. Spätere Verfilmungen von Boris Segal (1980), Gareth Davies (1987) und Robert Dornhelm (2001) zeugen von der bleibenden Brisanz des Stoffes.

Eine der drastischsten und konsequentesten Aufarbeitungen eines Häftlingsschicksals ist der italienische Film *Kapo* (1960) von Gillo Pontecorvo: Susan Strasberg spielt hier eine junge Jüdin, die im Lagersystem zur Wärterin, zum KAPO, ‚aufsteigt' und in dieser Position ihre Mithäftlinge drangsaliert. Das moralische Dilemma dieser Frau lotet der Film in schonungslosen Bildern aus. *Kapo* führt vor Augen, dass das Überleben in Extremsituationen nicht selten auf Kosten der Mitmenschen gehen kann und führt so die Entmenschlichung der Häftlinge peinvoll vor Augen (Abb. 2.3). Das Opfer als Mittäterin wurde intensiv diskutiert und führte offenbar dazu, dass dieser Film bis heute keine Heimmedienauswertung in Deutschland erfuhr.

Von Andrzej Munks *Pasazerka/Die Passagierin* (Polen 1961/1963) sind leider nur Fragmente vorhanden, da der Regisseur während der Dreharbeiten tödlich verunglückte: Auf einer Schiffsreise erkennt eine ehemalige KAPO-Frau in einer Mitreisenden eine frühere Gefangene. Der Film wurde in einer Mischung aus kom-

Abb. 2.3 *Kapo* von Gillo Pontecorvo (© 1960 Cineriz/Vides/Zebra Films)

mentierten Standfotos und inszenierten Filmsequenzen ins Kino gebracht – ein tragisches Monument, lässt es doch erahnen, dass hier eine der bis dahin ambitioniertesten Aufarbeitungen der Thematik unternommen worden war. Bereits dieser Film hätte in einer komplexen Montage Gegenwart und Vergangenheit verflochten.

Eine tschechische Produktion ist *Boxer a smrt/Der Boxer und der Tod* (1962), in dem ein KZ-Häftling nur überlebt, da er als Trainingspartner für einen SS-Mann herhalten kann. Thematisch nimmt dieser Film Robert M. Youngs amerikanische Produktion *Triumph of the Spirit/Triumph des Geistes* (1989) vorweb, in dem Willem Dafoe einen jüdischen Boxer mit Olympiaerfahrung spielt, der buchstäblich um sein Leben kämpft.

Wiederum Stanley Kramer widmete sich in *Judgement at Nuremberg/Das Urteil von Nürnberg* (1963) der Thematik, wählte hier jedoch einen indirekten Zugang. In dialogreichen Passagen wird die Problematik aufgedeckt, einen ‚objektiven' Zugang zu den Ereignissen der Vergangenheit zu finden.

Nach einem Roman von Bruno Apitz drehte Frank Beyer in den DEFA-Studios 1963 *Nackt unter Wölfen*, eine Episode um den Aufstand im Konzentrationslager Buchenwald. Politische Häftlinge halten hier ein Kind erfolgreich versteckt. Beyers Film stellt die Rolle dieser politischen Häftlinge sehr stark in den Vordergrund, vor allem ihre Schlüsselposition bei dem Aufstand und kultiviert einen sogenannten „sozialistischen Realismus". Statt eines ‚Martyriums' präsentiere er – so die DDR-Kritik – eine Geschichte des erfolgreichen Widerstandes gegen Tyrannei. Die westdeutsche Kritik dagegen war skeptischer, bemerkte durchaus die einseitige Stilisierung des Geschehens und die eindimensionale Tugendhaftigkeit der Widerständler. Von einer naturalistischen Darstellung lässt sich hier nicht sprechen.

Abb. 2.4 *The Pawnbroker* von Sidney Lumet (© 1965 Landau Company)

Sydney Lumets düsteres New-York-Drama *The Pawnbroker/Der Pfandleiher* (1965) führt uns das Schicksal des jüdischen Pfandleihers Sol Nazerman (Rod Steiger) vor Augen, der von Erinnerungen an seine Vergangenheit im Konzentrationslager heimgesucht wird, die sich zusehends mit der Gegenwart (einem Bandenkonflikt) vermischt. Lumets Film ist nach *Pasazerka* der erste Holocaust-Film, der intensiv von der Gegenwart und Vergangenheit vermischenden „meaningful montage" (Annette Insdorf) Gebrauch macht, ein dramaturgisches Mittel, das vor allem in späteren Produktionen genutzt wird, um zusätzliche Authentizität zu erringen (Abb. 2.4). Im deutschen Fernsehen findet man eine ähnliche Rückblendenstruktur in Karl Fruchtmanns Fernsehfilm *Kaddisch nach einem Lebenden* (1969), in dem die Handlung ausschließlich um das erlittene Trauma des Protagonisten durch die Folterung eines Mithäftlings kreist. Der später in Israel lebende Mann wird also analog zum Zuschauer zum betroffenen Zeugen, den die Erinnerung an das miterlebte Unrecht plagt. Der Regisseur hat sich auch in späteren Produktionen dem Thema der destruktiven Auswirkungen einer Ideologie auf die betroffenen Individuen gewidmet.

Die 1970er Jahre waren für zahlreiche nationale Kinematografien ein äußerst fruchtbares Jahrzehnt: Die Saat der revolutionären Jahre zuvor begann aufzubrechen und in den USA (New Hollywood), Deutschland (Neuer Deutscher Film) und Japan (Neue Welle) erstaunliche Filmproduktionen hervorzubringen. Mit diesen progressiven Tendenzen und der analogen Lockerung der Zensurbestimmungen kam es jedoch auch zu einer enormen Welle von reißerischen Exploitationfilmen, die die Grenzen des Darstellbaren zu Zwecken sensationsheischender Unterhaltung zu dehnen begannen. Selbst vor der Holocaust-Thematik machte diese exploitative Mode nicht halt: Die Sexfilmer Robert Lee Frost und Don Edmonds brachten mit den kanadischen Produktionen *Love Camp 7* (1968) und *Ilsa, She-Wolf of the SS* (1974) sogenannte *Sadiconazista*-Filme ins Kino, die nach trivialem

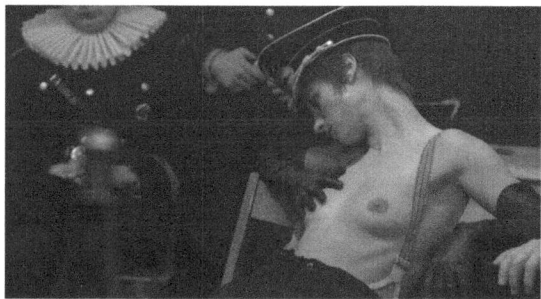

Abb. 2.5 *Il portiere di notte* von Liliana Cavani (© 1973 Joseph E. Levine)

Muster einen voyeuristischen Blick in Konzentrationslagerbordelle und pseudomedizinische Experimentierstationen warfen (Stiglegger 1999, S. 43–53). Obwohl diese Ausbeutung von Holocaust-Motiven durchaus einen Skandal erregte, sind diese Filme bis heute (in den Heimmedien) äußerst erfolgreich. Der *Ilsa*-Film mit Playboy-Model Dyanne Thorne zog sogar noch einige direkte und indirekte Fortsetzungen nach sich.

Auch im italienischen Kino wurde mit der Verbindung von Sexualität, Politik und Geschichte experimentiert, wenn auch zunächst auf einem hohen Niveau. In ihrem Psychodrama *Il portiere di notte/Der Nachtportier* (1973) verarbeitete die ehemalige Dokumentarfilmerin Liliana Cavani Erkenntnisse aus ihren vorangehenden Serien über das Dritte Reich und erzählt von der fatalen Wiederbegegnung eines SS-Mannes (Dirk Bogarde) und seines früheren Wunschopfers (Charlotte Rampling). Während das Paar diese destruktive Beziehung unter umgekehrten Vorzeichen wieder aufnimmt, geraten sie auf die Exekutionsliste von SS-Veteranen, die unliebsame Zeugen beseitigen, um die Vergangenheit – und somit ihre Schuld – zu ‚tilgen'. Cavanis Film ist zugleich die Aufarbeitung einer Kontinuität von Nazi-Mentalität nach dem Krieg wie auch der (streitbare) Versuch, das Konzentrationslagersystem psychosexuell zu adaptieren (Abb. 2.5). – Einen satirischeren Weg geht *Pasqualino Settebellezze/Sieben Schönheiten* (1975) von Lina Wertmüller, wo ein sizilianischer Macho u. a. in die Fänge einer SS-Schergin gerät, die ihn zu ihrem ‚Sexspielzeug' degradiert. Wertmüllers Film geht in seiner verschachtelten Erzählweise jedoch weit über die *Sadiconazista*-Motivik hinaus und entfaltet in seiner Schachtelmontage eine Art ‚barockes Welttheater' auf der Leinwand (Stiglegger 1999, S. 142–150).

Obwohl seine aktualisierte Marquis-de-Sade-Adaption *Salò/Die 120 Tage von Sodom* (1975) eher ein Film über das ‚faschistische Italien der Gegenwart' sei, hat Pier Paolo Pasolini mit diesem apokalyptischen Endspiel einen beklemmenden Mikrokosmos des Konzentrationslagersystems konstruiert, der erst in den letzten

Abb. 2.6 *Salò* von Pier Paolo Pasolini (© 1975 PEA/United Artists)

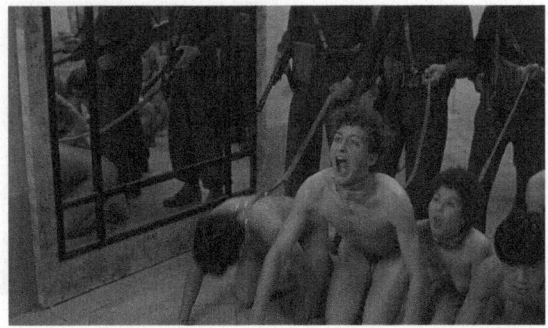

Jahren, als der Film erneut ins Kino kam, wirklich verstanden wurde. Hier haben sich die Mechanismen von Macht und Produktion verselbstständigt und laufen in der untergehenden faschistischen Republik von Saló Amok (Abb. 2.6). Der Skandalerfolg dieser drei Filme führte auch in Italien zur seriellen Produktion reißerischer KZ-Sex-Filme.

Der griechische Actionroutinier George Pan Cosmatos, der später ausgerechnet mit dem militaristischen *Rambo: First Blood Part 2/Rambo 2– Der Auftrag* (1984) von sich reden machte, widmete sich in *Rapresaglia/S.S. Repressailles/Das Massaker- Der Fall Kappler/Tödlicher Irrtum* (1973) einem der berüchtigtsten Kriegsverbrechen des Dritten Reiches: den Geiselerschießungen in den Höhlen vor Rom nach einem Partisanenanschlag auf Waffen-SS-Leute 1944. Dieses Massaker wird dramaturgisch eingewoben in die ambivalente Freundschaft zwischen dem SS-Mann Kappler (Richard Burton) und dem humanistischen Pater Antonelli (Marcello Mastroianni). Dieser Film fällt zwar aus der eigentlichen Thematik etwas heraus, schafft jedoch eine Basis für spätere Darstellungen nationalsozialistischer Massaker, etwa in Belorussland oder Kiew. Die geradlinige Inszenierung von Cosmatos lässt den Darstellern einigen Raum, um ihre schematischen Figuren mit Persönlichkeit zu füllen, so dass das tragische Finale – Antonelli wird selbst zum Opfer von Kappler – die Tragweite des Verbrechens vermittelt. Bezüge zu Roberto Rossellinis Partisanendrama *Roma cittá aperta/Rom, offene Stadt* (1945) sind offenkundig.

Analog zu Lina Wertmüllers satirischem Ansatz bezüglich der Lager-Thematik entstand in der DDR die Komödie *Jakob der Lügner* (1974) von Frank Beyer nach dem Roman von Jurek Becker, in dem ein jüdischer Mann (Vlastimil Brodsky) im Warschauer Ghetto erfundene Nachrichten über ein Vorrücken der Roten Armee verbreitet und damit die Hoffnung der Ghettobewohner stärkt. Die Kritik an diesem Film richtete sich auf die Ambivalenz der Auswirkungen von Jakobs Lü-

2 Entstehung einer audiovisuellen Holocaust-Ikonografie

Abb. 2.7 *Aus einem deutschen Leben* von Theodor Kotulla (© 1977 Iduna/WDR)

gen, etwa, dass er die Ghettobewohner in Sicherheit wiege und damit ihren Widerstandswillen lähme (Insdorf 1983, S. 147, 150–152).

Eine andere Kuriosität jener Jahre nutzte das Faktum des lateinamerikanischen Exils ehemaliger Naziverbrecher als Basis von Thrillerszenarien. In John Schlesingers Neo-Noir-Thriller *Marathon Man/Der Marathon Mann* (1976) spielte Sir Laurence Olivier den KZ-Arzt Christian Szell, der nun seine Juwelenschätze in New York bergen möchte, dort aber von einem Geschichtsstudenten (Dustin Hoffman) und ehemaligen Häftlingen erkannt wird. Gregory Peck trat dann in Franklin J. Shaffners *Boys from Brazil* (1978) als Josef Mengele gegen den jüdischen Nazijäger Liebermann (wiederum Olivier) an und versuchte, Hitler-Klone zu züchten. Diese actionbetonten Filme können jedoch kaum als ernsthafte Auseinandersetzung mit historischem Grauen gewertet werden.

Eines der konsequentesten Täterporträts im Rahmen eines Spielfilms ist Götz Georges Darstellung des Auschwitz-Kommandanten Rudolf Höss (hier: Franz Lang[1]) in Theodor Kotullas *Aus einem deutschen Leben* (1977). Der Film stellt Schlüsselepisoden aus Höss' Biografie dar, seinen Weg vom Freikorpsmann über SA und SS bis hin zum Kriegverbrechertribunal, das ihn zum Tode verurteilt. In distanzierter, minimalistischer Kühle sehen wir die menschenverachtende Rationalität, mit der er Vergasungen in Auschwitz organisiert (Abb. 2.7). Dabei konzentriert sich die Darstellung auf die Täter, zeigt das Unfassbare aus der Distanz. Brüche finden sich in kurzen Momenten, etwa wenn Himmlers Blick dem eines Häftlings begegnet und nervös abgleitet.

Die wichtigste Initialzündung für eine intensive mediale Auseinandersetzung mit der Holocaust-Thematik bildete schließlich die vierteilige amerikanische Fern-

---

[1] Franz Lang war ein Alias, unter dem Rudolf Höss der Strafverfolgung zu entgehen hoffte.

Abb. 2.8 *Sophie's Choice* von Alan J. Pakula (© 1983 ITC/Keith Barish)

sehserie mit dem programmatischen Titel *Holocaust* (1978), die nicht zuletzt für eine weite Verbreitung dieses Begriffes als Umschreibung für den nationalsozialistischen Massenmord speziell an Juden, später auch tendenziell als grundsätzliches Synonym für diesen Genozid steht. Die epische Serie von Marvin Chomsky verfolgt das Schicksal zweier Familien im Dritten Reich: Die jüdische Familie Weiss und die deutsche Familie Dorf geraten auf unterschiedliche Seiten des Völkermordes. Während die einen fliehen müssen bzw. deportiert werden, tritt Erik Dorf (Michael Moriarty) der SS bei und wird mitschuldig an der Organisation des Holocaust. Was auf Kritik stieß, war die melodramatische und gelegentlich vereinfachende Struktur der Serie, die deutlich an das erfolgreiche Familienepos *Roots* (1977) des selben Regisseurs anknüpfte, das die Geschichte der Versklavung von Afrikanern in den Südstaaten verarbeitete. Ungeachtet dieser trivialen Aspekte hatte die Serie *Holocaust* eine ähnlich massive Breitenwirkung wie später nur noch Steven Spielbergs *Schindler's List*, und muss so als Meilenstein der Holocaust-Dramatisierung gelten (Abb. 2.8).

An das Konzept der „meaningful montage" knüpft der Blockbuster *Sophie's Choice/Sophies Entscheidung* (1982) von Alan J. Pakula an, ein Melodram um die katholische Polin Sophie (Meryl Streep), die einst das Todeslager überlebte, da sie die Aufmerksamkeit eines SS-Mannes auf sich zog, der sie vor eine Entscheidung stellte, die ihr Leben für immer zerstörte: Er stellte ihr frei zu wählen, welches ihrer Kinder vom Tod bewahrt werden solle (2.8). Der Film erzählt dieses erschütternde Geschehen eingebettet in eine melodramatische Struktur als langen Rückblick. Wie in *Il portiere di notte* ist auch hier das Opfer nicht jüdischer Herkunft, Sophie kann sich sogar einen Ausnahmestatus sichern, indem sie die christliche Herkunft betont. Mit den monochromen, ausgewaschenen Szenen etabliert Pakulas Film eine Bildwelt des Konzentrationslagergeschehens, die in zahlreichen späteren Produktionen übernommen wurde und als eigene Ikonografie betrachtet

Abb. 2.9 *Idi I smotri* von Elem Klimov (© 1986 Mosfilm/Belarus Film)

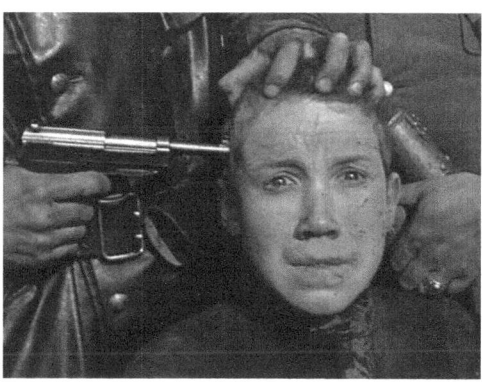

werden kann, die mitunter als weitgehend sinnentleertes Zitat auftaucht, z. B. in *X-Men* (2000) von Bryan Singer. Ebenfalls einer „meaningful montage" bedient sich Jacques Rouffios Arthur-Brauner-Produktion *Die Spaziergängerin von Sans Souci* (1982), in dem Michel Piccoli in der Gegenwart den einstigen Peiniger seiner Eltern erschießt. Rouffios Inszenierung der Rückblicke entwickelt einen vergleichbar drastischen Naturalismus wie Pakulas Film.

Ein wenig beachtetes Kapitel nationalsozialistischer Ausschreitungen sind auch die Waffen-SS-Massaker in Weißrussland, wo die ‚Politik der verbrannten Erde' am verheerendsten deutlich wurde. *Idi I smotri/Komm und sieh* (1987) von Elem Klimow erzählt – ähnlich wie Tarkowskijs *Iwans Kindheit* (1967) – aus der Sicht eines pubertierenden Jungen: Mit seinem gefundenen Gewehr möchte er gerne Partisan werden, wird jedoch nicht ernst genommen. Ein Fallschirmjägerangriff trennt ihn von seiner Einheit. Auf der Flucht trifft er auf ein etwas älteres Mädchen, dem er sich zeitweilig anschließt. Seine Odyssee führt ihn zurück zu seiner Familie, die längst ermordet wurde, und in ein von der Waffen-SS besetztes Dorf, das mit Flammenwerfern ausgelöscht wird (Abb. 2.9). Klimows drastisch-sinnliche Inszenierung involviert den Zuschauer schonungslos in die blutigen Geschehnisse und lässt das Geschehen in Belorussland schmerzvoll erahnen. Zugleich funktioniert sein Film ganz grundsätzlich als Fabel auf die menschliche Destruktivität, die zwischen der Grausamkeit der Invasoren und der Partisanen kaum Unterschiede macht.

Wenige Filme thematisieren auch die Verfolgung von Sinti und Roma im Dritten Reich. So gering die internationale Lobby dieser Opfergruppe ist, so minimal ist auch die historische und künstlerische Aufarbeitung. Einer der ersten expliziten Versuche war die amerikanische Produktion *The Violins Stopped Playing/Und die Geigen verstummten* (1988) von Alexander Ramati, ein sehr durchschnittlich inszeniertes Familiendrama, das sich strukturell an der *Holocaust*-Serie orientiert, dieses Modell aber auf eine ‚Zigeunerfamilie' anwendet. In Youngs *Triumph of the Spirit*, der noch Jahre vor Spielbergs Film direkt in Auschwitz gedreht werden durfte, spielt Edward James Olmos einen KAPO mit entsprechender Herkunft. Erst die deutsche Produktion *Sidonie* (1991) von Karin Brandauer, die stark dem sozialen Realismus des Neuen Deutschen Films verpflichtet war, gewann dem Thema der Sinti/Roma-Verfolgung größere Tiefe ab. Hier konzentriert sich der Film auf das Schicksal eines verfolgten Mädchens, das halbherzig aufgenommen und letztlich „verabschiedet" wird (der Titel des Romans von Erich Hackl lautete bitterer: „Abschied von Sidonie").

Ebenfalls an die Massenwirksamkeit der Serie *Holocaust* schloss der amerikanische TV-Film *Escape from Sobibor/Sobibor* (1987) von Jack Gold an, eine aktionsbetonte Dramatisierung des Häftlingsausbruchs. Diese aufwändige dreistündige TV-Adaption ist interessant als dramatisiertes Gegenstück zu Claude Lanzmanns nüchternem Interviewfilm über die Überlebenden des Aufstandes (2003).

Der spanische Film *Tras el cristal/In a Glass Cage* (1987) von Agustí Villaronga schließt wiederum in gewissem Sinne an Cavanis *Portiere di notte* an: Hier schleicht sich das ehemalige Opfer eines pädophilen Lagerarztes in den Haushalt des inzwischen ganzkörpergelähmten Mannes ein. Doch im Laufe seiner Rache erliegt der junge Angel dem Reiz des Bösen und beginnt selbst, Kinder zu ermorden und das Haus mittels Stacheldraht in ein Konzentrationslager zu verwandeln. Eine ähnliche Idee von der Verführungskraft des Bösen entfaltete später Bryan Singers *Apt Pupil/Der Musterschüler* (1998) nach einer Kurzgeschichte des Horrorautors Stephen King. Hier entlarvt ein Gymnasiast einen alten Nachbarn als ehemaligen Nazi-Kriegsverbrecher und erliegt dessen morbidem Charme. Beide Filme beanspruchen nicht wirklich, grundlegende Aussagen zum Holocaust zu vermitteln, sondern beschränken sich darauf, das seduktive Potenzial des Bösen modellhaft zu entfalten. In dieser Vermischung morbider Sexualität und historischer Barbarei bezieht sich *Tras el cristal* direkt auf den *Sadiconazista*-Komplex der 1970er Jahre.

Mit aufwändigem und stellenweise naivem Naturalismus näherte sich die Arthur-Brauner-Produktion *Europa, Europa/Hitlerjunge Salomon* (1989) von Agnieszka Holland der spektakulären Flucht eines jüdischen Jungen, der zunächst bei den Kommunisten, dann bei den Nazis untertauchen kann und an einer Napola („Nationalpolitischer Erziehungsanstalt") ausgebildet wird, bis ihn das Kriegsende erlöst. Anders als Volker Schlöndorffs pathetisch-vereinfachte Michel-Tournier-Verfilmung *Der Unhold* (1998) kann sich Hollands Film noch allein durch seine Fabel vom finsteren Faszinosum der re-inszenierten Nazispektakel distanzieren.

Die filmische Beschäftigung mit dem Holocaust stand in den frühen neunziger Jahren ganz im Zeichen von Steven Spielbergs weltweit erfolgreichem *Schindler's List/Schilders Liste* (1994), in dem Liam Neeson den deutschen Industriellen Os-

2 Entstehung einer audiovisuellen Holocaust-Ikonografie

Abb. 2.10 *Schindler's List* von Steven Spielberg (© 1993 Universal/Amblin)

kar Schindler spielt, der einigen hundert Häftlingen in Polen das Leben rettet, indem er sie in seinen Fabriken einsetzt. Spielberg inszeniert das Verhältnis zwischen dem Großbürger Schindler und dem Konzentrationslagerkommandanten Amon Göth (Ralph Fiennes) als ambivalentes, nahezu dialektisches Verhältnis. Göth sei der Schatten, den Schindler warf – so beschrieb es der Regisseur in Interviews. Der Film bedient sich einer aufwändigen historischen Rekonstruktion von Ghetto- und Lagerleben, verdichtet das Geschehen jedoch auf einige Schlüsselfiguren, wodurch melodramatische Strukturen in den Mittelpunkt treten. Die Hollywood-typischen Spannungsmechanismen (etwa bei der Selektion oder dem Gang in die Duschräume) wurde vielfach kritisiert, es ist jedoch andererseits kaum einem Film zuvor derart umfassend gelungen, das öffentliche Interesse auf diese historischen Ereignisse zu lenken (Abb. 2.10). Nicht weniger umstritten ist die aus dem Erlös des Films finanzierte „Shoa Foundation", die Zeitzeugenaussagen weltweit sammelt.

Zwei deutsche Beiträge zum Thema ragen aus der Produktion der Zeit heraus: *Drei Tage im April* (1994) von Oliver Storz erzählt von einem kleinen Dorf, in dem kurz vor Kriegsende ein Waggon mit jüdischen Häftlingen abgestellt wird. Niemand fühlt sich zuständig, und eines Nachts schieben die Dorfbewohner den Anhänger einfach auf ein unbenutztes Gleis im Niemandsland. Erzählt wird das aus der Sicht eines zunächst regimetreuen BDM-Mädchens, das angesichts der unmenschlichen Situation an der Richtigkeit des Systems zu zweifeln beginnt. War Storz noch auf die Mittel des Fernsehspiels angewiesen, konnte Andreas Grubers Kinofilm *Hasenjagd* (1994) zusätzlich durch eine visuell präzise konzipierte Bildwelt überzeugen: In monochromen Bildern erzählt er von der Flucht einiger Häftlinge aus dem Konzentrationslager Mauthausen, die von der SS mit Hilfe der

Abb. 2.11 *Train de vie* von Radu Mihaileanus (© 1998 Belfilms/Canal+/ CNC/PolyGram)

gesamten umliegenden Dorfbevölkerung in einer ‚Hasenjagd' gestellt werden sollen. Das historisch fundierte Geschehen gerät in diesem Film zur beklemmenden Metapher für die unweigerliche Mitschuld aller Beteiligten.

An die Paranoia-Thriller der 1970 Jahre knüpft Christopher Menauls Bestseller-Verfilmung *Fatherland/Vaterland* (1994) an, der in einem fiktiven Nachkriegsdeutschland spielt, in dem noch immer Hitler die Macht hat und über dem „germanischem Reich" thront. Um den Friedensvertrag mit den USA zu besiegeln, müssen alle Indizien des Holocaust beseitigt werden, doch ein abtrünniger SS-Mann (Rutger Hauer) opfert sein Leben, um die grausame Wahrheit ans Licht zu bringen. Obwohl dieser für den Kabelsender HBO produzierte Film an einer etwas banalen Inszenierung krankt, kann er durchaus einige Mechanismen des nationalsozialistischen Systems vermitteln.

Vier Werke der 1990er Jahre näherten sich der Holocaust-Thematik komödiantisch: *La vita è bella/Das Leben ist schön* (1998) von Roberto Benigni kann teilweise als Remake von *Jakob der Lügner* einstuft werden, der mit Robin Williams in der Titelrolle eine amerikanische Neuverfilmung *Jakob the Liar* (1999) durch Peter Kassovitz erfuhr. In *Mutters Courage* (1995) von Michael Verhoeven erleben wir mittels Brechtscher Metareflexionen die tragikomische Geschichte der Mutter des Dichters Georg Tabori, der selbst als Erzähler auftritt. Die Frau hatte den Abtransport als Jüdin überlebt, da sie die Sympathien eines SS-Mannes für sich gewinnen konnte. In *Train de vie/Zug des Lebens* (1998) von Radu Mihaileanus deportieren sich die Häftlinge scheinbar selbst, um der Verfolgung zu entkommen, doch am Ende entpuppt sich das Unternehmen als Wunschtraum eines Häftlings. Dieser Film kann aufgrund seiner bitteren Auflösung als die schwärzeste unter den ‚Holocaust-Komödien' gelten (Abb. 2.11). Die für das deutsche Fernsehen gedrehte Doppelgängerkomödie *Goebbels und Geduldig* (2002) von Kai Wessel schloss an diese Tendenz an.

2 Entstehung einer audiovisuellen Holocaust-Ikonografie

In Deutschland entstanden Ende der neunziger Jahre auch einige Filme, die sich fiktiv mit der Vergangenheitsbewältigung auseinander setzten, am subtilsten wohl *Meschugge* (1999) von Dani Levy, am spektakulärsten Roland Suso Richters *Nichts als die Wahrheit* (1999), in dem sich Götz George als greiser Mengele einem deutschen Gericht stellt. Andere deutsche Produktionen inszenierten Melodramen und Komödien vor dem tragischen Hintergrund des Holocaust: Joseph Vilsmeiers *Comedian Harmonists* (1997) und *Marlene* (2000), Rolf Schübels *Gloomy Sunday – Ein Lied von Liebe und Tod* (1999), Xavier Kollers *Gripsholm* (2000) u. a.

Die ausgeprägte homosexuelle Subkultur Berlins in der Weimarer Republik wird bereits im Kino der 1970er Jahre thematisiert: in Bob Fosses *Cabaret* (1972), Tinto Brass' *Salon Kitty/Doppelspiel* (1976), Ingmar Bergmans *The Serpent's Egg/ Das Schlangenei* (1977) u. a. Doch der Situation homosexueller KZ-Häftlinge mit dem „Rosa Winkel" widmet sich explizit erst Sean Mathias' Verfilmung von Martin Shermans erfolgreichem Theaterstück *Bent* (1997). Dieser Film entwirft als Hommage an das ästhetisierte Kino Derek Jarmans eine hermetische homosexuelle Welt, in der alle Ereignisse vom ‚Röhm-Putsch' bis hin zum Tod im Lager von männlicher Leidenschaft durchsetzt sind. Selbst unter extremsten Bedingungen von Zwangsarbeit und Tortur steht noch das sexuelle Begehren im Mittelpunkt der Dialoge. Das Dominanzverhältnis zwischen Wärter und Häftling erinnert demnach nicht von Ungefähr an die Mechanismen des ‚Sadiconazista'-Films.

Ein erstaunliches Alterswerk bot der italienische Regieveteran Francesco Rosi mit *La tregua/Die Atempause* (1996). Der Meister des semidokumentarischen, sozialkritischen Gangsterfilms adaptierte hier die Memoiren des jüdischen Chemikers und späteren Schriftstellers Primo Levi, der nach seiner Befreiung aus dem Konzentrationslager in seine Heimat Italien zurückkehrte. Statt auf melodramatische Effekte zu bauen, konzentriert sich Rosis Blick ganz auf die von John Turturro eindringlich dargestellte allmähliche Öffnung des ehemaligen Häftlings. In dieser konzentrierten Ruhe und Subtilität erzählt der Film eher indirekt vom vorangehenden Schicksal im Lager und kann als ernsthafteste filmische Aufarbeitung des Themas gegen Ende der 1990er Jahre gelten.

Unabhängig von der Entwicklung im Kino hat sich gerade das amerikanische Fernsehen wiederholt mit der Holocaust-Thematik auseinandergesetzt. So versuchte *Des Teufels Rechnung* (1999) die Lagergeschehnisse einem jungen Publikum zugänglich zu machen: Hier träumt sich ein junges Mädchen (Kirsten Dunst) in die tragische Geschichte ihrer Großmutter hinein. Ein herausragendes Beispiele ist die Dramatisierung des Aufstandes im Warschauer Ghetto, *Uprising* (2001) von Jon Avnet, ein dreistündiger TV-Film in aufwändiger Besetzung, der effektiv-emotionalisierenden Gebrauch der Streichermusik von Arvo Pärt macht. Allerdings weisen beide Filme große Schwächen bei der idealisierten Starbesetzung auf, die der mimetischen Inszenierung zuwider arbeitet. Nach *Schindler's List* und *Upri-*

Abb. 2.12 *The Grey Zone* von Tim Alan Nelson (© 2001 Goatsingus/Killer Blues/Lion's Gate)

sing gelang erst einem ambitionierten Kinofilm die überzeugende Adaption des Warschauer Ghettodramas: *The Pianist/Der Pianist* (2002) von Roman Polanski erzählt die historischen Geschehnisse um das Leiden, Sterben und Kämpfen in der ‚verbotenen Zone' aus der streng personalen Sicht des jüdischen Pianisten Szpilman (Adrien Brody). Polanski kreierte in diesem Alterswerk eine weitgehend unpathetische Rekonstruktion eines menschlichen Dramas, das auch den körperlichen Verfall des Protagonisten nicht ausblendet (Koebner 2013, S. 198–213). Der etwa zeitgleich entstandene Film *The Grey Zone* (2002) von Tim Alan Nelson, inszeniert mit dem typischen New Yorker Schauspieler-Ensemble (Harvey Keitel, Mira Sorvino, Steve Buscemi) das Schicksal der jüdischen ‚Sonderkommandos' in Auschwitz (Abb. 2.12).

Der gloriose Abschluss von Arthur Brauners Beschäftigung mit dem Holocaust sollte Jeff Kanews *Babij Jar – Die Schlucht der Vergessenen* (2002) werden, doch der Film vermittelt in seiner einfachen Struktur und stereotypen Inszenierung kaum eine Ahnung dieses unfassbaren Massakers, bei dem über 30.000 Menschen an zwei Tagen getötet wurden. Von Ferne klingen die Eindrücke aus Klimows *Idi i smotri* nach, der eine der nachhaltigsten Visionen von dieser menschlichen Katastrophe inszenierte. „Zu zeigen, wie es war" heißt nicht, dokumentarisches mit fiktivem Material zu mischen, heißt nicht, einfach ein historisches Ereignis mit medial geprägten Impressionen nachzustellen. Um wirklich eine Ahnung des Grauens zu vermitteln, bedarf es noch immer einer künstlerischen Vision, einer Begabung, *pars-pro-toto* Bilder und Klänge für ein Geschehen zu finden, von dem man sich noch kaum eine Vorstellung zu machen vermag. Die Filmgeschichte hat bis in die Gegenwart immer wieder solche Momente hervorgebracht, aber sie sind selten und bedürfen immer neuer Versuche. So ist dieses Kapitel der künstlerisch adaptierten ‚Vorstellungen von einem Schreckensort' noch lange nicht abgeschlossen.

In den folgenden Jahren experimentierte man international mit unterschiedlichen Zugängen. In *Fateless/Roman eines Schicksallosen* (2005) adaptierte Lajos Koltaj die Memoiren des Literaturnobelpreisträgers Imre Kertész in monochromatischen und gezielt subjektivierten Bildern, die nichts desto trotz an einer leicht zugänglichen Melodramatik interessiert scheinen. Der Österreicher Stefan Ruzowitzky bekam gar eine Academy-Award-Nominierung für sein Historiendrama *Die Fälscher* (2007), das eine eher ungewohnte Randsicht einnimmt, indem es das Schicksal eines unfreiwilligen Geldfälschers im Dienste der SS darstellt. *Defiance* (2008) von Edward Zwick dagegen greift einen Aspekt aus *Holocaust* auf, indem er den Partisanenkampf des jüdischen Widerstandes in Polen in Form eines düsteren Kriegsfilms thematisiert. Populär wurde der britische Jugendfilm *The Boy in the Striped Pyjamas/Der Junge im gestreiften Pyjama* (2008) von Mark Herman, der von der Freundschaft eines Häftlingsjungen mit dem gleichaltrigen Sohn des Konzentrationslagerkommandanten erzählt. Durch eine tragische Fügung stirbt letzterer selbst in der Gaskammer, was der Film erstaunlich drastisch und direkt ausagieren lässt. Er lässt das ‚Bildverbot' damit ebenso hinter sich wie *The Grey Zone* zuvor.[2] Eher metaphorisch nutzt Regieexzentriker Paul Schrader in *Adam Resurrected/Ein Leben für ein Leben* (2008) die Holocaust-Thematik: Er erzählt von der Traumtherapie eines Häftlings (Jeff Goldblum), der im Lager als ‚Hund' des Kommandanten (Willem Dafoe) überlebt hatte. Schraders Idee einer universalen Katharsis klang zuvor in dem Horrorfilm *Dominion/Dominion: Exorzist – Der Anfang des Bösen* (2005) an, der das elementare Böse bereits explizit mit dem Holocaust verknüpft hatte. Regisseurin Agnieszka Holland knüpfte 2012 mit *In Darkness* an den in der Serie *Die Bertinis* (1988) von Egon Monk bereits thematisierten Aspekt des Überlebens in der Kanalisation an.

Nicht alle Zugänge zu einer narrativen Mediatisierung des nationalsozialistischen Völkermordes erweisen sich als praktikabel und gelungen (bzw. wurden vom Publikum akzeptiert). 2003 unternahm der Wiesbadener Filmemacher Volker

---

[2] Der deutsche Exploitationregisseur Uwe Boll drehte mit sich selbst als SS-Wachmann (!) eine dilettantische und pseudodokumentarische ‚Rekonstruktion' der Vernichtung im Lager unter dem Titel *Auschwitz* (2011). Wie *The Grey Zone* bricht Boll mit allen Darstellungstabus, macht sich aber durch zahlreiche historische Ungenauigkeiten unglaubwürdig. Stilistisch erinnert er so eher an die ähnlich billig produzierten Sadiconazista-Filme der 1970er Jahre.

Abb. 2.13 *Der neunte Tag* von Volker Schlöndorff (© 2004 Provobis/ Videopress/BR)

Schlöndorff, der sich bereits vielfach mit fiktionalisierter Geschichte auseinandergesetzt hatte (*Die Blechtrommel*, 1980), mit *Der neunte Tag* einen intensiven Versuch, die Welt des Lagers Dachau aus streng subjektiver Sicht zu vermitteln. Zu seinen konzeptionellen Überlegungen merkt er an: „Die erste Entscheidung war: nur Großaufnahmen in der ersten Szene, in der der Priester ins Lager kommt. Erst als er dann noch mal zurückkommt, sieht man das Ganze auch in einigen Totalen. Und der Gedanke war: Wenn ich das Ganze subjektiv von ihm aus erzähle, von einem sehr geschwächten Menschen, der hat eigentlich nur eine Tunnelvision, der sieht nur die Beine von dem, der vor ihm geht, er sieht nur den Löffel oder die Bürste (Abb. 2.13). Das ist alles aus Fragmenten zusammengesetzt. Also, er erhebt sich nicht über den Appellplatz und sieht das in einer Totalen, sondern er ist immer ganz nah dran, mittendrin. Dann war die Sache: Schwarzweiß allein ist nicht die Lösung, das erlaubt zwar mehr Härte, aber es sieht dann so aus, als ob man alte Dokumente irgendwo gefunden hätte. Man behauptet das Dokumentarische und deshalb haben wir diese Mischform von Farbe und Schwarzweiß benutzt. Und letztlich war das der Versuch, möglichst detailgetreu zu inszenieren, nicht nur in Großaufnahme, sondern dass das, was zu sehen ist, auch sehr präzise und stimmig erscheint. Das Problem ist nur, dass man sich nicht an den Horror gewöhnt. Man soll es ja jedes Mal neu als ein Grauen empfinden. Das ist aber dieselbe Problematik für Maler in früheren Jahrhunderten. Mit jeder Kreuzigung mussten sie diese wieder so malen, dass sie von Neuem erschütterte. Im Gegensatz zu den Ikonen in der russisch-orthodoxen Malerei, wo es einfach immer gleich ist. Deshalb habe ich mir auch keine Lagerdokumente mehr angesehen, sondern mit dem Kameramann Goyas „Die Schrecken des Krieges" durchgeblättert. Da ist z. B. ein Bild von einem Korporal, der sein Pfeifchen raucht und einen Baum betrachtet, an dem jemand aufgehängt ist. Das war der Gedanke für den SS-Mann im Film, der an seinem Fahrrad lehnt und den Mann anschaut, den er da aufgehängt hat. Das ist ein flüchtiger Moment, aber wie soll man sich sonst damit auseinandersetzen?"³

Dabei ist sich gerade Schlöndorff der Tatsache bewusst, dass Spielfilme mehr noch als Dokumentarfilme und Bücher als historisches Archiv wahrgenommen werden: „Film ist das lebendige Bild der Geschichte, zuvor war es die Malerei. Wenn wir etwas über die Napoleonischen Kriege lesen, dann sehen wir das berühmte Gemälde ‚Der Rückzug von Beresina' vor uns, aber das hat ein Maler in Paris im Atelier ein paar Jahre später gemalt…Das Bild ist schon das Medium, mit dem historische Vorstellung vermittelt wird. Man versucht immer, es sich *vorzustellen*, und man stellt es sich dann eben so vor, wie es einem geliefert wird. […] Als Filmemacher hat man eine große Verantwortung, das haben mir auch meine Lehrmeister schon gesagt. Billy Wilder etwa hat immer wieder gemahnt: ‚Das darf man doch nicht zeigen…!' Wenn jemand eine schreckliche Nachricht bekam, drehte er von dessen Gesicht keine Großaufnahme, sondern sagte: ‚Backstage!' Das sollte hinter der Kulisse stattfinden. Nicht der Schauspieler sollte weinen, das Publikum im Saal sollte weinen. Würde und Ehre des Menschen müssen stets gewahrt bleiben. Im Film ist das zugleich eine Frage von Ethik *und* Ästhetik!" Auch Schlöndorff kommt zu dem Schluss, den die Rezeption von Holocaust-Darstellungen in Film und Fernsehen seit dem Zweiten Weltkrieg nahe legt: „Natürlich ist unser Geschichtsbild, unsere Vorstellung von Geschichte geprägt von den Filmen, die wir über die entsprechenden Ereignisse kennen. Man denke nur an Pudowkins Bilder von der russischen Revolution – die sind eigentlich Jahre nach dem tatsächlichen Ereignis mit Statisten nachinszeniert worden. Und doch stellen wir uns heute dieses Ereignis genau so vor…"

Volker Schlöndorff, der im deutschen Kinofilm wie im Fernsehen intensiv Zeitgeschichte reinszeniert hat, zeigt so, wie die in der Einleitung zum medial geprägten Bildarchiv entwickelten Gedanken offenbar direkt in die konzeptionellen Überlegungen eines Films zum Thema einfließen. Und doch bleiben diese Bilder von Bildern letztlich Simulationen, Trugbilder, Mythen der Moderne, die zwar historische Fakten vermitteln möchten, sich dabei jedoch eines zutiefst künstlichen Kosmos' bedienen: Es sind mediale Bilder als historische Simulakren.

---

[3] Das Interview wurde geführt von Marcus Stiglegger am 5. Dezember 2004 im Medienhaus Mainz.

Mediale Bilder als historische Simulakren 3

> Erdachte Situationen, sentimentale Episoden, unglaubwürdige Zufälle: Wenn sie Sie weinen machen, weinen Sie aus falschem Anlass.
> Elie Wiesel über *Holocaust* (in: Märthesheimer und Frenzel 1979, S. 26)

In ihrer medialen Verdichtung entstehen aus der Abbildung historischer Ereignisse neue Bilder, Bildermythen in einem gewissen Sinne, die zugleich historische Simulakren darstellen: sorgsam konstruierte Trugbilder des Vergangenen, die doch so real erscheinen und als Realität im kollektiven Bildgedächtnis aufgehen können. Es erscheint nicht zufällig, dass sich der französische Philosoph Jean Baudrillard bei seinen Reflexionen zur Simulationstheorie u. a. mit Historienfilmen beschäftigt. Die Essenz der Simulakren-Theorie von Jean Baudrillard wurde in dem 1976 erschienenen Buch *L'Échange symbolique et la mort* erarbeitet (Baudrillard 1982). Hier entwickelt Baudrillard den Gedanken von der Verflüchtigung des Originären angesichts einer verselbstständigten Produktion innerhalb der Industriegesellschaft und ihren medialen Kommunikationsprozessen. Die Kunst produziere in diesem Kontext nur noch agonale Simulakren, losche sich letztlich selbst aus. Der Begriff des „symbolischen Tausches" orientiert sich am *Potlatch*-Handel, einem unökonomischen Verschwendungswettkampf der Kwakiutl-Indianer; er bezeichnet das reine Geben ohne Bezug zur Selbsterhaltung. Der Tod ist hier das letzte und absolute Verhängnis eines gesellschaftlichen Systems, das im Rausch der latenten Verschwendung die Existenz des Todes, jener letzten Wahrheit, letztlich ausblenden möchte. Kann der Tod schließlich – biologisch und ideell – nicht mehr verschwiegen oder ausgeblendet werden, wird er konserviert. Im rauschenden Fest des industriell simulierten Lebens lauert jedoch nach Baudrillard latent der Tod des Systems.

Es ist daher nichts naheliegender, als endlose Serien von Katastrophen und Toden in machtloser Faszination zu bestaunen. Baudrillard kennzeichnet in diesem Zusammenhang die drei Ordnungen der Trugbilder, die seiner Gesellschaftsanalyse zugrunde liegen: An erster Stelle steht die Nachahmung des Gegebenen, also der Natur, die möglichst perfekte Mimesis. Dieses Phänomen ist bereits mit der klassischen Epoche (gemeint ist die französische Klassik, also von der Renaissance zum Barock) verknüpft und spiegelt sich in deren Kunst. An zweiter Stelle kommt die Ökonomie, die das Industriezeitalter mit seiner potenzierten Produktion perfektionierte. Das Prinzip der Serialität wird zum Alltag. Spätestens Andy Warhol's Factory hat auch die seriell produzierte Kunst ökonomischen Gesichtspunkten unterworfen. An dritter und letzter Stelle steht schließlich die Simulation, die sich vollständig von ihrem originären Bezug, der Natur, entfernt hat. Die Serialität ist weiterhin eine ihrer Voraussetzungen. Der hier beschriebene Prozess lässt sich in Bezug zu vielen kulturellen Phänomenen nachvollziehen. Die Filmgeschichte bietet aufgrund ihrer erst hundertjährigen Geschichte nahezu ein Mikromodell dieser Mechanismen, denn der Film ist aufgrund seiner medialen Voraussetzung wie geschaffen für eine zumindest audiovisuelle Mimesis – später ergänzt durch das Fernsehen. Mit der Industrialisierung des medialen Produktionsprozesses folgte zugleich die Serialisierung ein und desselben Bildes, als auch die Vervielfältigung ähnlicher Bilder, die in ihrer Wahrnehmung im gleichen Kontext eine symbolische Verknüpfung möglich machten; der Film kreierte sein eigenes semiotisches System, seine eigene Mode – eine Analogie, die Baudrillard in seinem Buch selbst betont – und schuf somit auch seine eigenen Mythen. Im Zuge von Popart und Postmoderne haben sich diese Mythen verselbständigt, sie sind zum reinen Code mutiert, dessen Referenzsystem eventuell noch ermittelt werden, jedoch gleichwohl auch losgelöst davon betrachtet werden kann. Die Geschichte funktioniert lediglich als virtueller, vager Bezug, der im Rahmen des u. a. filmischen Simulakrums nur noch künstlich erzeugt werden kann.

Basierend auf dem französischen Begriff *simulacre*, der Trugbild, Blendwerk, Fassade oder Schein bedeutet, lässt sich auch die serialisierte Fernsehproduktion historischer Szenarien und Re-Inszenierungen als ein solcher Mythos betrachten. Am Historienfilm kritisiert Baudrillard diese Tendenz im Rahmen seines Essays „Geschichte: Ein Retro-Szenario" (Baudrillard 1978), indem er auf der Annahme des Mythenverlustes in der modernen Gesellschaft eine intermediale neue Mythenbildung nachzuweisen versucht. „Geschichte ist unser verlorener Bezug, unser Mythos" – das ist die Grundthese. Man muss den Mythos in diesem Zusammenhang als eine Erzählung werten, die andere Erzählungen absorbiert hat und nun aus sich selbst heraus generiert. „Das große Ereignis dieser Periode, das große Trauma ist jene Agonie fester Bezüge, Agonie des Realen und Rationalen, mit der das Zeitalter der Simulation anbricht" (Baudrillard 1978, S. 49) Baudrillards speziell auf den Film der siebziger Jahre – z. B. *Barry Lyndon* (1975) von Stanley Kubrick und *Chinatown* (1973) von Roman Polanski – angewandte Theorie, die o. g. dritte Ordnung des Trugbildes, nimmt die Voraussetzungen der postmodernen Medientheorie zum Teil vorweg, ist jedoch von überraschender Plausibilität, wenn man untersucht, wie Spielfilme und Fernsehserien über den Holocaust versuchen, historische Fakten zu vermitteln.

Zunächst verweist das mediale Bild auf ein historisches ‚Modell', doch mit der Anhäufung mimetischer Motive entfernt sich das Simulakrum vom historischen Bezug. Der serielle Moment zerstört die imitative Qualität des ursprünglichen Bildes, das noch real zu sein scheint. Diese Idee von der semantischen Willkürlichkeit des Simulakrums, das durch (Stereotypen-)Häufung und Serialität entsteht, findet sich in der Kritik an den medialen Reinszenierungen des Holocaust wieder. Nicht nur überschreiten Serien wie *Holocaust* das mit dem Lagergeschehen verbundene Abbildungstabu, sie überschreiten es gar doppelt, indem sie die dokumentarischen Bilder neu beschwören und in einem serialisierten Medienbild den Spätgeborenen zur Verfügung stellen. Obwohl der gegenwärtige Holocaust-Diskurs ohne diese medialen Simulakren heute kaum denkbar wäre, ist ein geschärftes Bewusstsein für deren Simulationscharakter unabdingbar. In seiner Schlussfolgerung geht Baudrillard noch weiter und sieht in der Herstellung solcher Trugbilder des Vergangenen eine Tendenz der Enthistorisierung, die aus Geschichte Mythos werden lasse (Baudrillard 1978, S. 56).

Im Rahmen des hier anklingenden Begriffes der „modernen Mythen" bietet sich noch ein weiterer Text zum Abgleich an: In seinem Buch *Mythologies*, das in einer gekürzten Form als *Mythen des Alltags* (Barthes 1964) in deutscher Übersetzung erschien, entwickelt Roland Barthes ausgehend von alltäglichen und populären Phänomenen der französischen Gegenwart der 1950er Jahre einen aktualisierten Mythen-Begriff, der auch im Zusammenhang mit dem stereotypen Bild vom Holocaust in Fernsehen und Film einen interessanten Denkansatz bietet. Vor allem der zweite Teil des Buches verdient Beachtung, da Barthes hier seinen Mythenbegriff systematisiert. Nach der dort dargelegten semiotischen Theorie kann jedes Alltagsphänomen zu einem Mythos werden, wenn die Gesellschaft mit ihm mehr und mehr eine spezifische Botschaft verknüpft. Den Mythos definiert er als eine „Aussage, eine Botschaft": „Man ersieht daraus, daß der Mythos kein Objekt, kein Begriff oder eine Idee sein kann; er ist eine Weise des Bedeutens, eine Form" (Barthes 1964, S. 85). Barthes unterscheidet zwei Ebenen der Deutung bei der Wahrnehmung eines potentiell mythischen Sachverhaltes: die denotative und die konnotative Ebene. Auf der ersten (denotativen) Ebene wird das Bild in seiner Gegenständlichkeit erkannt und erfasst, auf der zweiten (konnotativen) Ebene wird ihm eine übergeordnete, also mythische Bedeutung zugeordnet. Es findet also eine Verknüpfung mit bereits existenten gesellschaftlichen Phänomenen statt: Das Bild ist spezifisch konnotiert, es wird im Augenblick seiner Konnotation zur „Schrift" (Barthes 1964, S. 87). Auch wenn das Bild eigentlich „leer" ist, das Zeichen, das sich daraus ergibt, ist mit Bedeutung erfüllt, „es ist ein Sinn" (Barthes 1964, S. 91). Der Mythos erringt durch diese über seine pure Gegenständlichkeit hinausgehende Verknüpfung den Status eines erweiterten semiologischen Systems, mit Hilfe dessen der Betrachter ihm eine ‚ewig wahre' Bedeutung zuordnet. Barthes bezeichnet den Mythos als eine Metasprache, die sich aus der zugrundeliegenden Objektsprache ergibt. Aus dem zuerst historisch Veränderbaren wird eine Selbstverständlichkeit, eine Konstante, ein nur vorgeblich ‚natürlicher' Sachverhalt. Im Mythos geht die Erinnerung an die eigentliche Herkunft, die historische Zuordnung des Sachverhaltes, verloren. Roland Barthes geht deshalb davon aus, dass die revolutionäre Sprache keine mythische Sprache sein kann, die bürgerliche Sprache jedoch schnell Gefallen am quasitraditionellen Mythos finden wird. Für ihn ist der Mythos somit potentiell ‚rechts'.

In einigen seiner Beispiele bezieht sich Barthes auch auf Phänomene des Spielfilms. So analysiert er z. B. auf sehr amüsante Weise, wie amerikanische Monumentalfilme durch die Etablierung der „Stirnlocke" den Eindruck des antiken Römers erwecken wollten, und durch die Häufung (Serialisierung) dieses Elementes geradezu einen neuen Mythos schufen. So wurde die Stirnlocke zum Standardelement des amerikanischen Sandalenfilms und gleichzeitig zum Stereotyp vom antiken Römer, ein Faktum, das sehr bald verbreitet und akzeptiert war. In seinem Essay über „Schockphotos", also photographische Dokumente historischer Gräueltaten, behauptet er, diese Photos berührten den Betrachter nicht, da sie „reine Zeichen" darstellten (Barthes 1964, S. 55). Obwohl die Bilder Authentizität über den dokumentarischen Gestus erzwingen wollten, sei das Geschehen durch das Geschick des Photographen nur allzu deutlich „in Form gebracht" (Barthes 1964, S. 56). Diese gewollte Kristallisation – also Erstarrung – des dramatischen Moments schaffe Distanz zum Geschehen, dem unwillkürlich der Charakter der Inszenierung zukomme. An diesen und zahlreichen weiteren Beispielen zeigt Barthes, dass der Mythos bevorzugt mit „unvollständigen Bildern" (Barthes 1964, S. 109) arbeite, die eine geeignete, bereinigte Projektionsfläche dafür bieten, z. B. Symbole und Zerrbilder. Der Mythos verändere und verforme die dargestellte Wirklichkeit. In seinem Versuch, Historie in etwas Natürliches zu verwandeln, Sinn in Form zu transformieren, vereinfache der Mythos, werde überdeutlich um den Preis des Wahrhaftigen. In letzter Konsequenz gleicht der von Roland Barthes analysierte „alltägliche" Mythos dem von Jean Baudrillard diskutierten Simulakrum: Beide Phänomene leisten eine Entpolitisierung und zugleich Enthistorisierung ihrer dargestellten Sujets – aus dieser Perspektive ist Elie Wiesels massive Kritik an Gerald Greens Roman und Serie *Holocaust* nachvollziehbar, denn tatsächlich arbeiten Historienserien mit „erdachten Situationen, sentimentalen Episoden und unglaubwürdigen Zufällen", wie es Wiesel Wiesel (in: Märthesheimer und Frenzel 1979, S. 26) moniert. „Wenn sie Sie weinen machen, weinen Sie aus falschem Anlass." Was Wiesel nicht bedenkt, ist der Umstand, dass dieser „falsche Anlass" grundsätzlich im Simulationscharakter des Mediums liegt, – denn gemessen an Zeitzeugenerleben und historischen Dokumenten muss die mediale Verdichtung notwendig ‚falsch' erscheinen –, kann aber zu einem ‚richtigen' Erleben im Sinne der intendierten Absicht der Inszenierung führen. Gerald Greens Antwort erscheint aus heutiger Perspektive erstaunlich treffend: „Gegen Ende seines Artikels deckte Herr Wiesel sein Spiel auf: ‚Im bin entsetzt', schreibt er, ‚bei dem Gedanken, daß einmal der Holocaust gemessen und beurteilt werden könnte anhand der NBC-Fernsehproduktion, die diesen Namen trägt.' Was dahintersteht ist klar – Elie Wiesels Werke werden in Vergessenheit geraten, und ein Fernsehspiel, das zum erstenmal Millionen Menschen erreichte, wird überdauern" (Green in: Märthesheimer und Frenzel 1979, S. 33). Das mediale Simulakrum ersetzt das historische Bild im Erinnerungsarchiv.

4 Die TV-Serie *Holocaust*. Die Geburt eines medialen Diskurses

> Tatsächlich war die westdeutsche Kritik auf *Holocaust* in einer Weise verlogen: man einigte sich darauf, dass die Form zwar schlecht sei, aber im Namen der Moral und ihrer massenhaften Verbreitung sei sie hinzunehmen. Auf den Gedanken, wenigstens zu überprüfen, ob das Format eine eigenständige Form und eine eigene Wahrheit habe, kam indes niemand.
> George Seeßlen (2013b, S. 161–167)

Die amerikanische Fernsehserie *Holocaust* von Marvin J. Chomsky nach einem Originaldrehbuch von Gerald Green kann als Geburt des internationalen medialen Diskurses über den nationalsozialistischen Genozid gelten. Die Serie popularisierte den titelgebenden Begriff auch im deutschen Sprachraum, wo bis dahin nur von „Endlösung" gesprochen wurde. Dieser deutsche Begriff ist jedoch direkt dem Nazi-Jargon entlehnt („Endlösung der Judenfrage"), was ihn äußerst problematisch macht. Er bildet allerdings den Untertitel der deutschen Ausgabe von Gerald Greens Buchversion der Serie.

Die von Robert Berger für den Sender NBC produzierte Serie wurde 1978 vor Ort in Österreich und Westberlin gedreht. Dabei diente etwa die KZ-Gedenkstätte Mauthausen als Ersatz für Auschwitz-Birkenau – ungeachtet der geringen architektonischen Ähnlichkeit. Die Ghettoszenen aus Theresienstadt wurden in der oberösterreichischen Stadt Freiberg gefilmt, während man die Euthanasieszene tatsächlich im hessischen Hadamar drehte. In den USA wurde *Holocaust* vom 16. bis 19. April 1979 in vier Teilen ausgestrahlt und erreichte 49 % des Marktes mit ca. 120 Mio. Zuschauern. Die über neunstündige Miniserie war mit Fritz Weaver, sowie den aufstrebenden Meryl Streep, James Woods, Timothy Bottoms und Michael Moriarty prominent besetzt. Inspiriert wurde die Idee, dieses finstere Kapitel der Weltgeschichte als Familienserie zu dramatisieren, vermutlich durch den Erfolg der Fernsehserie *Roots* (1977), die ebenfalls von Marvin J. Chomsky, sowie John Erman, David Green und Gilbert Moses nach einem Roman von Alex Haley gedreht worden war. *Roots* erreichte bei der Erstausstrahlung bis zu 140 Mio. Zuschauer in den USA. Allerdings wurden von der Kritik in der Darstellung des Plantagensystems der Südstaaten zahlreiche historische Ungenauigkeiten beanstandet. Das historische Simulakrum *Roots* etablierte auf diese Weise zahlreiche moderne Mythen über die Sklaverei, die bis heute in Kinofilmen auftauchen (u. a. in Quentin Tarantinos *Django Unchained*, 2012), vor allem das Bild der rücksichtslos folternden und tötenden Sklavenherren, die ihre kostbare menschliche ‚Ware' hier bedenkenlos verschwenden.[1] Vorwürfe historischer Ungenauigkeit wollte man bei *Holocaust* vermutlich vermeiden, so dass Chomsky weitgehend in Europa drehte und sich auf die Rekonstruktion tatsächlicher Ereignisse verließ.[2] Die Serie wurde mit fünfzehn Emmy-Nominierungen bedacht und mit acht *Emmy*-Awards ausgezeichnet.

In Deutschland kam es aufgrund der Serie zum ersten rechtsterroristischen Anschlag der deutschen Nachkriegszeit: Peter Naumann, heute NPD-Politiker, sprengte 1979 zusammen mit Komplizen zwei Fernsehsendemasten im Hunsrück und im Münsterland, um die Ausstrahlung der bevorstehenden Fernsehserie *Holocaust – Die Geschichte der Familie Weiß* zu verhindern.[3] Ca. 100.000 Fernsehgeräte waren von dem Bildausfall betroffen. Dennoch sahen mehr als 20 Mio. Zuschauer *Holocaust*, und mehr als 25.000 Zuschauer beteiligten sich an den parallel zu den vier Sendeterminen vom 22. bis 26.1.1979 geschalteten Diskussionsrunden oder schrieben Briefe an den WDR.[4] So urteilt Knut Hickethier 1998 hinsichtlich der Auswirkungen der Serie auf die Programmgestaltung des öffentlich rechtlichen Fernsehens: „Das bestimmende Fernsehereignis Ende der siebziger Jahre war die Ausstrahlung des amerikanischen Mehrteilers *Holocaust* […], der die Ermordung der europäischen Juden durch die Deutschen zeigt. In der Akzentverschiebung der Programme von Aufklärung und gesellschaftlicher Kritik hin zu mehr Unterhal-

---

[1] Siehe u. a.: Steven Mintz (2009).

[2] Die Faktenfehler der Serie finden sich hier vor allem in Ausstattungsdetails, wie Dienstgrade und Militärabzeichen. In Teil 1 etwa trägt Reinhard Heydrich (David Warner) 1938 Kragenspiegel, die erst 1942 eingeführt worden waren; oder in Folge 3 wird Arthur Nebe mit dem Armeedienstgrad Oberst betitelt, obwohl er SS-Gruppenführer war, was dem Generalleutnant entspricht; Hitlerjungen sind in Sommeruniformen unter dem Weihnachtsbaum zu sehen; die polnischen Soldaten tragen ahistorische Uniformen; vgl. Peter Schulze-Rohr in: Märthesheimer/ Frenzel (Hrsg.) 1982, S. 47.

[3] Siehe u. a.: Olaf Goebel (1995).

[4] Siehe: http://www.gedenkstaettenforum.de/nc/gedenkstaetten-rundbrief/rundbrief/news/ns_euthanasie_im_fernsehfilm_holocaust/.

tung und Fiktionalität bildete dieser Film einen Wendepunkt. [...] Der Erfolg war beträchtlich, gleichwohl umstritten. Dem Mehrteiler wurde Trivialisierung, Emotionalisierung und Verfälschung der Geschichte vorgeworfen" (Hickethier 1998, S. 355). *Holocaust* löste also besonders in Deutschland die Diskussion aus, ob es legitim sei, die undarstellbaren Schrecken des industriellen Mordes an den Juden fiktional zu inszenieren. Eine fiktionale Darstellung des Holocaust führe zu einer Trivialisierung der Geschichte, hieß es. Georg Seeßlen wendet dagegen ein: „Wäre das Wesen der Serie tatsächlich nichts als ‚Trivialisierung' gewesen, so hätte sie gewiss nicht jenen heftigen Streit um Erinnerung und Darstellbarkeit ausgelöst, der zu einem Schlüssel für die Geschichte des Wissens in der deutschen Nachkriegsgesellschaft taugt" (Seeßlen 2013b, S. 166). *Holocaust* hinterließ in Deutschland vor allem in der Generation der Töchter und Söhne der Täter einen nachhaltigen, möglicherweise einen ersten tiefen Eindruck. Dass dieser Eindruck jedoch auf die Ausstrahlung einer kommerziellen Miniserie zurückging, die den bis dahin üblichen Duktus distanzierter Sachlichkeit schlichtweg mit Absicht unterlief, muss hier vor allem als ein wichtiger Hinweis auf einen tiefgreifenden Wandel im gesellschaftlichen und medialen Umgang mit der Geschichte im allgemein und der Geschichte des Völkermords des Dritten Reiches im speziellen verstanden werden. Von nun an hatte die unter den Nationalsozialisten verübte Massenvernichtung einen Namen, den jeder kannte. Zugleich wurde der Ausdruck des nüchternen Dokumentierens dem schwierigen Thema gegenüber unübersehbar um das gezielte und wirksame Inszenieren von Bildern in publikumswirksamen Spannungsdramaturgien erweitert.

Die vier Folgen der Miniserie *Holocaust* erzählen die Geschichte zweier Familien im Dritten Reich – von 1935 bis 1945. Die erste Folge umfasst die Jahre 1935 bis 1940, die zweite 1941 bis 1942, die dritte 1942 bis 1944 und die letzte Folge behandelt das letzte Kriegsjahr 1945. Im Zentrum der Erzählung steht zum Einen die deutsch-jüdische Familie Weiss: der Vater Dr. Josef Weiss (Fritz Weaver), die Mutter und Pianistin Berta Weiss (Rosemary Harris), der Sohn Karl Weiss (James Woods), ein Künstler, der mit der Christin Inga Helms-Weiss (Meryl Streep) verheiratet ist, der jüngere Sohn Rudi Weiss (Joseph Bottoms), ein rebellischer Fußballspieler, die Tochter Anna Weiss (Blanche Baker), sowie Mose Weiss (Sam Wanamaker), Josephs Bruder, ein Chemiker aus Warschau. Dr. Weiss ist ein renommierter Arzt in Berlin.

Zu Beginn feiern Karl Weiss und Inga Helms ihre Hochzeit. Beide sind Deutsche, aber Karl stammt aus einer jüdischen Familie, woraufhin ihn die politischen Veränderungen betreffen, denn wenig später erlassen die Nazis die „Nürnberger Gesetze". Seitdem gilt die Ehe der beiden als „Mischehe", die als „Rassenschande" unter Strafe steht. Mit der berüchtigten „Kristallnacht" am 9.11.1938 beginnt die gnadenlose Verfolgung der Juden. Als Josef Weiss das Recht verliert, „arische

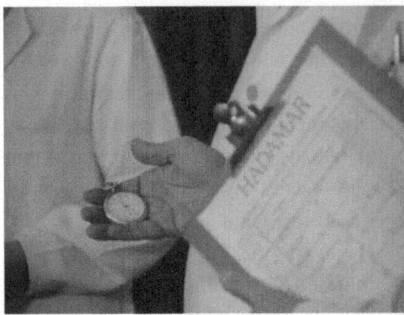

Abb. 4.1 *Holocaust* – Vergasung in Hadamar. (© USA 1978, NBC)

Patienten" zu behandeln, wird er nach Polen abgeschoben. Im Warschauer Ghetto wird er Mitglied des Judenrats.

Nach der Deportation ihres Mannes überlebt Berta Weiss mit Hilfe von Inga und ihrer Familie. Im Ghetto von Warschau trifft sie Josef wieder. Als er versucht, einige Ghettobewohner vor der Liquidation zu retten, wird er zusammen mit seiner Frau nach Auschwitz deportiert. Während Josef der Zwangsarbeit zugeordnet wird, wird seine Frau in der Gaskammer ermordet.

Die junge Anna Weiss wird von deutschen Soldaten vergewaltigt und bleibt apathisch zurück. Aufgrund ihres Zustandes wird sie in ein Sanatorium nach Hadamar geschickt und dort im Rahmen des Euthanasieprogramms der Nazis durch Kohlenmonoxid-Vergiftung getötet. Diese Sequenz ist ungewöhnlich im Rahmen der Mediatisierung des Holocaust, denn sie thematisiert einen Aspekt des nationalsozialistischen Massenmordes, der sonst eher verschwiegen wird. Giorgio Agamben plädiert dafür, das Euthanasieprogramm der Nazis in den Holocaust-Diskurs einzubeziehen, differenziert jedoch die unterschiedliche Motivation: Das Euthanasieprogramm habe auf rein medizinischen Erwägungen basiert (Agamben 2002). *Holocaust* zeigt den Weg von Anna Weiss nach Hadamar recht ausführlich. Sie ist in einem Bus zu sehen, der sie in ein Wäldchen nahe der ländlichen Stadt bringt, wo sie in einer Gruppe mit teilweise offensichtlich verhaltensgestörten und behinderten Menschen gezeigt wird. Krankenschwestern führen die ‚Patienten' zu einem Holzschuppen, die Tür wird hinter ihnen verriegelt. Hinter dem Schuppen wird ein Dieselmotor angeworfen, dessen Abgase in den Innenraum führen. Ein Arzt schaut auf die Uhr (Abb. 4.1).[5] Es folgt ein harter Schnitt: Annas Mutter hat einen

---

[5] Siehe hierzu auch die Dokumentation in Stiglegger 2009; in Hadamar gab es eine fest eingerichtete Gaskammer im Keller des Gebäudes, direkt verbunden mit einem Sezierraum und dem Krematorium (bis heute weitgehend erhalten). Der Holzschuppen der Serie erinnert

4 Die TV-Serie Holocaust. Die Geburt eines medialen Diskurses

Abb. 4.2 *Holocaust* – Karls Folterung, Bilder von den Lagergräueln. (© USA 1978, NBC)

Brief aus Hadamar erhalten, den sie nun vorliest: „Mit großem Bedauern müssen wir Sie von dem Tod Ihrer Tochter, Fräulein Anna Weiss, in Kenntnis setzen. […] Obwohl wir alles in unserer Macht stehende getan haben, […] verweigerte sie die Nahrungsaufnahme und sprach auf kein Medikament an. Sie starb am 3. Juni an Lungenentzündung und Unterernährung." Inga kommentiert spontan: „Vielleicht ist es besser so. Wir wissen ja nicht, ob Anna je wieder gesund geworden wäre." Sie zeigt so in ihrer Unwissenheit eine Reaktion, die damals nicht ungewöhnlich für die deutsche Bevölkerung gewesen sein dürfte, da diese ‚gelernt' hatte, die Euthanasie als ‚Gnadentod' für ‚unwertes Leben' schönzureden. Diese Szene wird ergänzt durch einen späteren Dialog, als Annas Bruder Karl nach seiner Ankunft im Lager Buchenwald von seinem Mithäftling Weinberg in das Hierarchiesystem eingeführt wird. Er erklärt die Farben der Wimpel: ein rotes Dreieck für die politischen Gefangenen, rosa für Homosexuelle, braun für ‚Zigeuner', zwei gelbe Dreiecke für Juden und einen rechteckigen weißen Wimpel mit der Aufschrift „blöd" für – so Weinberg: „Idioten, Schwachsinnige, Geisteskranke." Sie seien unnütz und würden daher von den Wachen besonders schlecht behandelt.

Karl wird später durch einen Freund der Familie von Inga, Heinz Müller (Anthony Haygarth), nach Theresienstadt verlegt, wo er in einem Kunstatelier arbeiten kann. Er und die anderen Künstler fertigen jedoch heimlich Bilder von der grausamen Realität des Ghettos an (Abb. 4.2). Als diese Bilder entdeckt werden, werden die Künstler von der SS gefoltert. Karl wird nach Auschwitz überführt und muss in einem der Sonderkommandos arbeiten, die die Leichen verbrennen müssen. So findet er auch heraus, dass seine Eltern ebenfalls dort sind.

---

eher an die Busgarage, in der die Häftlinge vor Ort ankamen. In der Serie sind allerdings nicht die Originalschauplätze zu sehen.

Abb. 4.3 *Holocaust* – Erik Dorf als Mittäter, Montage dokumentarischer Bilder aus Babij Jar. (© USA 1978, NBC)

Rudi Weiss flüchtet aus Berlin in die Tschechoslowakei, wo er die junge Helena Slomova (Towa Feldshuh) kennen lernt. Gemeinsam flüchtet das Paar in die Ukraine, wo sie zusammen mit jüdischen Partisanen kämpfen.[6] In diesem Kontext – auch dies eine ungewöhnliche Sequenz im Kontext der Holocaust-Filme und -Serien – bezeugen sie auch eines der verheerendsten Kriegsverbrechen der Nazis: das Massaker von Babij Jar. Diese Massenhinrichtung von 33.771 jüdischen Menschen aus Kiew in nur zwei Tagen wurde von langer Hand geplant. Bereits am 28. September 1941 wurden Plakate in der Stadt Kiew angebracht, auf denen die jüdischen Bewohner der Stadt Kiew und Umgebung aufgefordert wurden, sich am Montag, dem 29. September 1941, in der Stadt zur Umsiedlung zu versammeln. Statt der erwarteten 5.000 Menschen fanden sich über 30.000 ein, alle in der Erwartung, nun zur Umsiedlung abtransportiert zu werden. Stattdessen wurden die Versammelten in Lastwagen nacheinander zur Schlucht von Babij Jar gefahren, die eigens dafür abgegrenzt worden war, mussten sich entkleiden und wurden nacheinander in kleinen Gruppen erschossen. Da zahlreiche der beteiligten Soldaten unter massivem Alkoholeinfluss standen, wurden zahlreiche Opfer lediglich verletzt und letztlich lebendig begraben. Bis zur Befreiung Kiews am 5. November 1943 ging das Morden in der Schlucht von Babij Jar weiter. Über 200.000 Russen, Ukrainer und Juden mussten hier ihr Leben lassen. Babij Jar, der Ort dieses erschütternden Massenmordens wurde zwar nie zu einem derart bedeutenden Synonym für die Vernichtungspolitik der Nazis wie etwa Dachau oder Auschwitz, die hier geschehenen Ereignisse können jedoch als ein Höhepunkt des systematischen Genozids in jener Zeit gelten. Somit ist Babij Jar ein emblematischer Tatort, das ewige Monument einer grauenvollen Tat (Abb. 4.3).[7]

---

[6] Edward Zwicks späterer Kriegsfilm *Defiance* (2008) knüpft an diese Ereignisse an.

[7] Es mutet erstaunlich an, dass sich lange nur die Serie *Holocaust* dieses Ereignisses angenommen hatte. Der jüdische Produzent Arthur Brauner hatte Familienangehörige bei diesem Massaker verloren und produzierte Jahre später einen Spielfilm zum Thema: *Babij Jar*.

Abb. 4.4 *Holocaust* – Dorf führt Zyklon B in Auschwitz ein, wird SS Karrierist. (© USA 1978, NBC)

Nach dem Kampf gegen SS und ukrainische Soldaten wird Rudi gefangen genommen und Helena wird erschossen. Rudi kommt ins Lager Sobibor, wo es ihm gelingt, während des Aufstands zu entkommen. Er beschließt, allein durch Europa zurückzureisen und seine Familie zu suchen. Er wird einer der letzten Überlebenden der Familie Weiss bleiben.

Am Ende der Serie trifft Rudi Inga im befreiten Theresienstadt und berichtet, dass er herausgefunden hat, was mit seinen Eltern und Karl in Auschwitz passierte. Inga wird Karls Kind austragen und ihm den Namen ihres Schwiegervaters Josef geben. Sie beschließt, mit dem Kind zurück zu ihrer Familie nach Berlin zu gehen. Rudi dagegen wird sich weiter politisch engagieren und verwaiste jüdische Kinder nach Palästina schmuggeln, wo gerade der neue Staat Israel aufgebaut wird.

Ein paralleler Handlungskomplex erzählt die Geschichte der zunächst mit den Weiss' befreundeten Familie Dorf. Erik Dorf (Michael Moriarty) ist Jurist. Auf Drängen seiner ehrgeizigen Frau Marta schließt sich der zunächst unpolitische Dorf der Allgemeinen SS an, denn er findet keine alternative Beschäftigung. Seine kalte Intelligenz und sein notorischer Gehorsam lassen ihn hoch in die Ränge der Schutzstaffel aufsteigen, wo er zur rechten Hand von Reinhard Heydrich (David Warner) wird. Dorf ist bei den großen Vernichtungsaktionen der Nazis vor Ort, greift auf Befehl gar selbst zur Waffe. In solchen Momenten erscheint er ganz als unberührte ‚Maschine', während er seiner Frau gegenüber immer wieder die seelische Belastung andeutet. Die jedoch will nichts davon hören, immerhin macht er eine ‚ordentliche' Karriere im System.

Dorf wird verantwortlich für die rationalisierte Vernichtung in den Vernichtungslagern. Er koordiniert den Massenmord (Abb. 4.4). Als der Reichsführer SS

Abb. 4.5 *Holocaust* – Himmler wird übel angesichts einer Massenerschießung. (© USA 1978, NBC)

Heinrich Himmler eine Massenerschießung besucht und ihm daraufhin schlecht wird (Abb. 4.5), weist er Dorf an, eine effektivere Methode der Exekution zu entwickeln, die diese ‚unzumutbare Belastung für die SS' abwendet. Er führt daraufhin die Vergasung durch das Insektenvernichtungsmittel Zyklon B ein.

Nach Kriegsende wird Dorf von der US-Armee gefangen genommen und für die Kriegsverbrechen zur Verantwortung gezogen. Da sein Verweis, nur unter Befehl gehandelt zu haben, nicht akzeptiert wird, folgt er dem Beispiel seiner Kollegen und begeht Selbstmord mit einer Zyanid-Kapsel.

Das Konzept der Serie *Holocaust* ist also – ähnlich wie später bei *War and Remembrance* – ein Figurenensemble zu etablieren, das durch seine unterschiedlichen Eigenschaften und Funktionen als Augenzeugen bei den Schlüsselereignissen der nationalsozialistischen Vernichtungspolitik vor Ort sein kann. So garantiert die Serie stets eine subjektive Anbindung der Erzählung an die dokumentierten historischen Ereignisse, ohne in objektive Narration zu verfallen. Allerdings ist so auch eine Identifikation im Negativen gegeben, indem zahlreiche Szenen über den von seiner Frau manipulierten, charakterlich schwachen SS-Mann Erik Dorf aufgelöst werden. Seeßlen merkt an: „Der ‚Skandal' von *Holocaust* waren nicht allein das Unterhaltungsformat und die amerikanische Herkunft, sondern die Fiktionalisierung selbst. An die Stelle der stummen Abstraktion, des namenlosen Grauens treten Menschen, die in der Form, wie wir Menschen gewohnt sind, abgebildet werden" (Seeßlen 2013b, S. 164). Die vier Serienfolgen inszenieren so die ikonischen Ereignisse zwischen 1935 und 1945: in Folge 1 die Verkündung der „Nürnberger Gesetze", die „Kristallnacht" am 9.11.1938; in Folge 2 der Überfall auf Polen, die Internierung und später der Aufstand im Warschauer Ghetto; in Folge 3 die Propagandalüge Theresienstadt sowie das Massaker in Babij Jar; in Folge 4 die Massenvernichtung in Auschwitz und die Befreiung und Entnazi-

Abb. 4.6 *Holocaust* – Inga prostituiert sich in Buchenwald, um Karl zu sehen. (© USA 1978, NBC)

fizierung durch die Alliierten sowie die Gründung des Staates Israel. Die Tatsache, dass *jedes* relevante Ereignis des Holocausts innerhalb einer Familie erlebt wird, wurde als unglaubwürdig kritisiert, funktioniert aber in der Dramaturgie der Serie recht gut: So erleben Josef und Moses Weiss den Aufstand im Warschauer Ghetto, Karl und Inga die von den Nazis inszenierte Funktion des Ghettos Theresienstadt sowohl als Durchgangslager während der Deportation als auch als Vortäuschung der ‚humanen' Behandlung der Juden durch die SS. Rudi und Helena bezeugen sowohl die Massenexekution in Babij Jar als auch die Kämpfe der Partisanen in der ukrainischen Widerstandsbewegung. Um seine Glaubwürdigkeit im Bild zu belegen, schneidet Chomsky immer wieder reale Fotodokumente in die Szenen ein.

Diese Verwendung realer Dokumente ist in der Tat problematisch innerhalb einer Melodramkonstruktion, die vor allem auf Fiktionalisierung baut und so beweist, dass sie ihrem eigenen Ansatz nicht zu trauen scheint. Wie weit Chomsky und Green in der Melodramatisierung der Ereignisse tatsächlich gehen, zeigt sich vor allem in jenen Sequenzen, die der Buchenwald-Überlebende Eugen Kogon später als völlig ahistorisch kritisiert: „Die nichtjüdische Frau eines der Söhne in der Jüdischen Familie, der sich als Häftling in Buchenwald befindet, besucht regelmäßig dieses Lager und lässt sich, um ihrem Mann zu helfen, halb gezwungenermaßen auf ein Verhältnis mit einem Unterscharführer ein – und dies mitten im SS-Hauptbereich, ohne dass es aufgefallen wäre. Grotesk, kann man nur sagen, wenn man wie ich selbst in Buchenwald war. Die Szenen sind ganz einfach peinlich erfunden. Sie gehören zum sentimentalen Hollywood-Konzept" (Kogon in: Märthesheimer und Frenzel 1979, S. 67) (Abb. 4.6).

Andererseits finden sich auch personell reale Vorbilder für die Charaktere aus *Holocaust*: Vorbild für die Romanfigur des Malers Karl Weiss war der deutsche Zeichner Leo Haas. „Als der US-amerikanische Autor Gerald Green in den siebzi-

Abb. 4.7 *Holocaust* – Holocaust-Ikonographie. (© USA 1978, NBC)

ger Jahren für sein Buch über die Maler des Ghettos recherchierte, stieß er auf die , Haas und verwandte dessen Geschichte für die Person des Karl Weiss in seinem Roman ‚Holocaust' sowie im Drehbuch zum gleichnamigen Film" (Wagner 1987, S. 81).

Im Rahmen der beschriebenen epischen Seriendramaturgie inszeniert Chomsky schließlich einige der bis heute ikonischen Nachinszenierungen von Standardsituationen der Verfolgung und Vernichtung unter der Nazidiktatur. Er inszeniert das Eindringen der Terrortruppen in die privaten Haushalte, die Diskriminierung auf der Straße, das Auseinanderreißen der Familie bei der Deportation und deren Abschiedsblicke, die Namenserfassung der Deportierten auf endlosen Listen, das Anstehen am Bahnhof mit Gepäck, das dann zurückbleiben muss, den Blick aus den vergitterten Viehwaggons, das Hungern und Leiden der Deportierten, die massenhafte Ermordung durch Kugeln und Gas, die Berge nackter Leichen, der traumatisierte Blick der noch Lebenden. Auch wenn sich chronologisch frühere Bilder dieser Art im Fernsehen finden lassen (u. a. in *Am grünen Strand der Spree*), so ist die Direktheit der filmischen Historiensimulation doch ungewohnt in dieser Intensität, vor allem im Heimmedium. Erst *War and Remembrance* sollte hier noch einen Schritt weiter gehen. Es bleibt jedoch *Holocaust* überlassen, die bis heute einflussreiche mediale Holocaust-Ikonographie nachdrücklich im kollektiven Gedächtnis eines Millionenpublikums zu verankern (Abb. 4.7).

Sonja M. Schultz stellt folglich in ihrer recht aktuellen retrospektiven Analyse von *Holocaust* fest, dass die Serie erheblich effektiver erscheint, als die zeitgenössischen Kritiken vermuten lassen: „Die Dialoge vermitteln so viel geschichtliches Wissen wie möglich. Der Genozid, seine zahlreichen Täter, Helfer und Orte werden benannt, die Opfer gezeigt. Auch der jüdische Widerstand, so er denn möglich war, spielt eine wichtige Rolle im Film [*sic*, d. A.]. Die Täterfiguren sind nicht diabolisiert, und anhand von Erik Dorfs Geschichte verfolgt *Holocaust* glaubhaft die Entwicklung eines ‚ganz normalen' Deutschen zum Massenmörder" (Schultz 2012, S. 171). Sie kommt zu dem nachvollziehbaren Schluss: „*Holocaust* will Spannung erzeugen, geschichtliche Zusammenhänge vermitteln und erschüttern" (Schultz 2012, S 171).

5 Der Holocaust im deutschen Fernsehen. Alltagsbilder aus dem Nazireich

In den 1950er Jahren verzeichnete das Heimmedium Fernsehen auch im Nachkriegsdeutschland einen beispiellosen Siegeszug. Doch früh war man bestrebt, die neue Zeit zu begrüßen und die Vergangenheit zu vergessen. Der Fernsehwissenschaftler Knut Hickethier betont, dass das Fernsehen für „die anbrechende neue Zeit stand, für eine letztlich westliche, weil vor allem von den USA geprägte Form der neuen massenmedialen Kultur. Es wurde zunehmend zum Symbol für die Modernisierung der Gesellschaft" (Hickethier in Kramer 2003, S. 121). Es hat folglich lange gedauert, bis man sich an eine fiktionale Aufbereitung der jüngeren deutschen Geschichte wagte. Umso erstaunlicher ist die drastische Vehemenz, mit der Fritz Umgelter seine Literaturverfilmung *Am grünen Strand der Spree* (1960) nach dem Roman von Hans Scholz mit einem Budget von damals 1,5 Mio. D-Mark für den WDR adaptierte. Verdichtet in Form eines subjektiven Kriegstagebuchs thematisiert bereits die erste Folge mit dem Titel *Das Tagebuch der Jürgen Wilms* die Massaker der SS und lettischer Hilfstruppen an polnischen Juden und etablierte fast zwei Dekaden vor der amerikanischen Serie *Holocaust* eine intensive Holocaust-Ikonographie im Fernsehen, die das Publikum nachhaltig erschütterte.

Der Film beginnt im West-Berlin des Jahres 1954. In der Jockey-Bar treffen sich vier alte Freunde, die sich seit der Vorkriegszeit nicht mehr gesehen haben. Einer nach dem anderen erzählen sie, wie sie den Krieg überlebten, aber auch von ihren Familien, ihren Reisen, ihren Freunden und Feinden. Es beginnt mit der Erzählung von Ex-Major Hans-Jörg Lepsius (Malte Jäger), der gerade aus russischer Gefangenschaft entlassen wurde. Dort hat er das Tagebuch des gemeinsamen Freundes Jürgen Wilms erhalten, das er mit seinen ehemaligen Kameraden teilen will. Der erste Teil von *Am grünen Strand der Spree* beginnt rückblickend im Juli 1941 in Polen, der Zeit des Einmarschs in die Sowjetunion. Der ambitionierte und

Abb. 5.1 *Am grünen Strand der Spree* – Juden bei der Leichenbeseitigung. (© D 1960, WDR)

sensible Wilms dokumentiert die Frontereignisse mit seiner Fotokamera – eine reflektierende Ebene, die in der Mitte der Erzählung grob unterbrochen wird, denn „der Reichsführer SS wäre wohl nicht begeistert über eine Dokumentation der Ereignisse".[1] Wilms wird nach und nach immer tiefer verwickelt in die verheerenden Massenmorde in den Ostgebieten. Am Strand beobachtet er, wie während der Kämpfe um die Festung von Brest-Litowsk jüdisch-orthodoxe Männer gezwungen werden, am Sabbat die verwesten Leichen der gefallenen deutschen Soldaten zu bergen (Abb. 5.1). „Wer darf Menschen erniedrigen?", schreibt Wilms in sein Tagebuch. „Wer darf das eigentlich?"

An der Bahnstrecke nach Smolensk sprechen deutsche Landser über das, wovon man bei der Wehrmacht angeblich nichts gewusst hat: Einer sagt, dass morgen die Juden erschossen werden sollen. In Nowo-Borissow habe er miterlebt, wie Frauen und kleine Mädchen sich nackt ausziehen und bis zum Abend auf ihr Ende warten mussten. Die Inszenierung bleibt stets nah bei Wilms, zeigt immer wieder in Nahaufnahmen seine vor Schreck starre Miene, sein wachsendes Bewusstsein, welche Barbarei hier im Gange ist. Früh und lange Zeit hört man die Maschinengewehrsalven vom Hinrichtungsort, lange bevor Wilms überhaupt am Schauplatz ankommt. In intensiven Bildkompositionen zeigt die Folge Täter und Opfer in ihrer Auslieferung. Auf seinem Weg zum Massaker erlebt er ein Kinderspiel: Die polnischen Kinder tun es den Erwachsenen gleich, zwei von ihnen müssen Davidssterne aus Zeitungspapier tragen, die anderen legen ihre Holzgewehre auf sie an: „Jude kaputt!" (Abb. 5.2).

---

[1] Dieses und weitere Zitate aus der Folge.

Abb. 5.2 *Am grünen Strand der Spree* – Kinderspiel. (© D 1960, WDR)

Abb. 5.3 *Am grünen Strand der Spree* – Ankunft per Viehwagon, „Gott mit uns". (© D 1960, WDR)

Mit Wilms macht sich die Kamera also auf den Weg, begleitet die deportierten Juden vom Viehwagon auf ihrem beschwerlichen Weg durch den Schnee. Keine Musik erklingt hier, nur der Wind, die Maschinengewehre und das Knarren der Schuhe im Schnee bestimmen die Atmosphäre. In Detailaufnahmen betont Umgelter den Zynismus des Geschehens, etwa wenn man im Vordergrund ein Koppelschloss mit der Aufschrift „Gott mit uns" sieht (Abb. 5.3).

Die lange Massakersequenz gehört zu den quälendsten und intensivsten Momenten der frühen deutschen Fernsehgeschichte. In langen, ruhigen Einstellungsfolgen sehen wir die Zivilisten auf ihrem Weg in den Tod, begleitet von Freiwilligen im „Dienst der deutschen Wehrmacht", wie weiße Armbinden anzeigen, Polizeibataillonen und der SS. Alles läuft in notorischer Ordnung und Ruhe ab. In einem Punkt weicht die Inszenierung von der Realität ab: Umgelter deutet nur an,

Abb. 5.4 *Am grünen Strand der Spree* – tödliche Ruhe, ein Berg Schuhe. (© D 1960, WDR)

Abb. 5.5 *Am grünen Strand der Spree* – der ‚Regisseur der Vernichtung', die Hilfstruppen. (© D 1960, WDR)

dass die Todgeweihten nackt in die Grube gehen mussten. Hier legen sie lediglich ihre Schuhe ab, was zu einem ikonischen Bild führt: Von den Menschen bleibt ein Berg von alten Schuhen (Abb. 5.4).

Am Rand der Todesgrube sitzt ein affektiert wirkender SS-Mann in grauem Mantel, genüsslich rauchend. Während die Opfer starr und wie betäubt Folge leisten, wirken die anderen Soldaten wie gehorsame Vernichtungsroboter. Aus diesem Modus bricht dieser SS-Mann aus. Sein Lächeln wirkt selbstgefällig, als er die Gefangenen dirigiert, als sei er der Regisseur der Vernichtung und des Todes. Ein Hauch von Allmacht liegt über ihm, als er die Asche auf die ihn anstarrenden Juden schnickt, bevor die Maschinengewehre erklingen (Abb. 5.5).

Der Moment der Ruhe vor dem Kugelhagel ist beklemmend und überträgt die Zermürbung, die Wilms empfunden haben mag, direkt auf das Publikum. „Beim

Betrachten derartiger Filme aus der Zeit Anfang der Sechzigerjahre, die den Massenmord an den Juden thematisieren, fällt auf, dass dieser in jenen Geschichten, die von der NS-Zeit und dem Krieg handeln, meist in der Form eines erzählerischen Innehaltens gezeigt wird. Die Narration setzt aus, Handlung findet nicht mehr oder kaum noch statt. Es regiert eine dramaturgische Form des entsetzten Schweigens" (Hickethier in Kramer 2003, S. 125). *Am grünen Strand der Spree* wird in Erinnerung bleiben als eine der ersten großen Versuche des deutschen Fernsehens, sich dem Holocaust zu stellen und brachte dabei früh ikonographische Momente hervor, die bis heute wirkungsvoll sein dürften.

Dennoch ist Umgelters Ansatz eher ungewöhnlich für das deutsche Fernsehen, denn vor allem in späteren Jahrzehnten versuchte man, eine explizite Darstellung des Holocaust eher zu vermeiden und konzentrierte sich stattdessen auf die zivile Dimension des alltäglichen Terrors im Dritten Reich. Auch diese Tendenz setzt wenig später ein: 1963 entstand die Literaturverfilmung *Das Haus in der Karpfengasse* nach dem gleichnamigen Roman aus dem Jahre 1958 von M. Y. Ben-Gavriel (1891–1965). Kurt Hoffmann war zuvor eher als Komödienregisseur aufgefallen und bekam zunächst keine Unterstützung bei der Bemühung, den erfolgreichen Roman zu verfilmen. Erst mit Unterstützung aus Prag gelang es ihm, das Projekt umzusetzen, allerdings wurde der Film als Wettbewerbsbeitrag in Cannes abgelehnt. Hoffmann änderte somit die Strategie und brachte den Film nach kurzer Kinoauswertung im März 1965 als dreiteilige Miniserie ins deutsche Fernsehen. Dort erst stellte sich die Anerkennung ein, und die Serie erhielt den Adolf-Grimme-Preis sowie das Filmband in Gold. Wofür das Kino nicht reif schien, das ließ sich im neuen Medium Fernsehen platzieren. Anders als Umgelter konzentrierte sich Hoffmann hier ganz auf das Schicksal der jüdischen Bevölkerung, aus deren Perspektive er auch erzählt. Die Serie beginnt mit der deutschen Besetzung der Slowakei am 15. März 1939. Für die Mieter des Hauses Karpfengasse 115 im Judenviertel von Prag ändert sich von da an das Leben. Wir erleben die Schicksale der Bewohner vor und nach dem Einmarsch mit und folgen den jüdischen Familien und tschechischen Widerstandskämpfern in ihren alltäglichen Dramen. Im Zentrum steht die Witwe Kauders, deren Sohn sich dem Widerstand anschließt. In einem konzentrierten Realismus zeigt *Das Haus in der Karpfengasse* den zerstörerischen Einfluss der Nazibesatzung auf das Leben der drangsalierten Bevölkerung. Die visuelle Ikonographie schöpft hier zu Beginn vor allem aus historischen Aufnahmen, die mit den prägnant ausgeleuchteten, kontrastreichen Schwarzweißbildern der Serie und einem objektiven Erzähler auf der Tonspur zusammenmontiert werden. Die Deutlichkeit von Umgelters Massakerdarstellung wird hier jedoch reduziert auf die Reinszenierung der Nazischikanen im Alltag. Der uniformierte Deutsche erscheint

Abb. 5.6 *Das Haus in der Karpfengasse* – uniformierte Boten des Todes. (© D 1963, WDR/Independent-Film GmbH)

auch hier stets als autoritärer Bote des Todes, der durch seine Schikanen Menschen in die Trennung, die Verzweiflung und den Tod treibt (Abb. 5.6).

Um 1980 wurden die Memoiren der jüdischen Holocaustüberlebenden Janina David unter den Titeln „Ein Stück Himmel" und „Ein Stück Erde" auch in Deutschland veröffentlicht. Sie erzählt darin von ihren dramatischen Kriegserlebnissen, u. a. im Warschauer Ghetto, die stellenweise an das Tagebuch der Anne Frank erinnern – mit dem signifikanten Unterschied allerdings, dass Janina David in der Obhut christlicher Nonnen überlebte. Unter dem Titel *Ein Stück Himmel* (1982) adaptierte Franz Peter Wirth beide Bücher im Auftrag des WDR-Fernsehens. In 8 Folgen erzählt die Serie vom Schicksal der zunächst neunjährigen Janina Dawidowicz zwischen 1939 und 1945. In der polnischen Stadt Kalisch erlebt sie den Einmarsch der deutschen Armee mit, was die Familie veranlasst, Richtung Warschau zu flüchten. Der Vater tritt der polnischen Armee bei, und Mutter und Tochter müssen sich alleine durchschlagen. Knapp entgehen sie der Deportation und verstecken sich in der Mühle der Großeltern. Danach finden sie Unterschlupf im Haus der Familie Gold – aus ihrem Versteck sehen sie nur ‚ein Stück Himmel'. Die Schikanen der deutschen Besatzer gegen die jüdische Bevölkerung nehmen zu. Mit zehn Jahren erlebt Janina Entbehrung und Tod im Warschauer Ghetto, wo sie heimlich eine Schule besucht. Die Zustände werden prekärer, da immer mehr Menschen im Ghetto untergebracht werden. Tote säumen die Straßen. Dann beginnt die Räumung des Ghettos. Janinas Vater kann die Familie als Ghettopolizist beschützen, doch die Schlinge wird enger. Auf dem Marktplatz werden Nummern an die Arbeitsfähigen verteilt, die anderen werden deportiert. Auch Janinas Großeltern werden abgeführt. Die Eltern beschließen, ihre Tochter außerhalb des Ghettos im Haus der befreundeten Deutschen Grabowski (Reinhard Vom Bauer) unterzubrin-

Abb. 5.7 *Ein Stück Himmel* – Versteck im Schrank, Deportation. (© D 1982, WDR)

gen. 1943 erlebt die versteckte Janina von der anderen Seite der Mauer die gewaltsame Liquidation des Ghettos. Da die Lage zusehends unsicherer wird, bringt Erich Grabowski Janina in eine polnische Klosterschule, von der aus sie 1944 in einen strengen Konvent geht, in dem die 14-jährige als Christin ausgebildet wird. Vor den vorrückenden sowjetischen Truppen werden die Mädchen von einem deutschen Offizier unverhofft geschützt, ebenso wie im nächsten Unterschlupf, einer Dorfschule, wo sie mit deutschen Ingenieurs-Offizieren zusammenleben müssen. Mit dem Ende des Krieges kann Janina erstmals ihre wahre Identität preisgeben.

Ein Stück Himmel knüpft an die Strategie von *Das Haus in der Karpfengasse* an, indem hier die deutsche Genozidpolitik aus der Sicht der kleinen Leute geschildert wird, als subjektives Erleben eines zusehends gefährlicher werdenden Alltags. Unerwartete Razzien gehören ebenso zur Tagesordnung wie das tägliche Sterben der Ärmsten im Ghetto (Abb. 5.7).

Wirth wahrt einerseits diesen subjektiven Blick, nutzt aber zahlreiche Situationen, um an die durch die Serie *Holocaust* etablierte Ikonographie des Holocaust anzuknüpfen. So ragen Gewehrläufe und Stahlhelme ins Bild, während die Aufmerksamkeit den mit dem gelben Stern gezeichneten Opfern gilt. In pragnanten Nahaufnahmen erleben wir immer wieder den Abschiedsblick der Deportierten und der Verbliebenen. Blicke, die vom Bewusstsein der Endgültigkeit künden (Abb. 5.8).

Wie in *Am grünen Strand der Spree* erleben wir, wie die Kinder die Schikanen der Nazis in ihre Spiele aufnehmen und sich gegenseitig drangsalieren (Abb. 5.9).

Was *Ein Stück Himmel* von *Holocaust* deutlich unterscheidet, ist die Subjektivität seiner Erzählhaltung: Nie inszeniert Wirth Szenen, die nicht von Janina bezeugt sein könnten, stets bleibt er auf der Seite der Opfer. Die zweigleisige Erzählung von *Holocaust* ist hier ebenso unmöglich wie die Vielzahl der Schauplätze. Selbst

Abb. 5.8 *Ein Stück Himmel* – Abschiedsblicke. (© D 1982, WDR)

Abb. 5.9 *Ein Stück Himmel* – Kinderspiele. (© D 1982, WDR)

potentiell spektakuläre Momente wie die Räumung der Ghettos erleben wir nur aus der Distanz: als Rauchschwaden über der Stadt, die Janina aus ihrem Versteck sieht. Auch das Geschehen im Konzentrationslager ist nur durch Dialog präsent, durch die permanente Angst vor der Deportation ins Todeslager. Was Wirth im Bild selbst zeigt, hat allenfalls Verweischarakter, weckt Erinnerungen an historische Fotos aus dem Warschauer Ghetto und vergleichbare Momente aus bekannten Filmen und Serien (speziell *Holocaust* und *Sophie's Choice*). Die körnige, farblich fahl gestaltete 4:3-formatige Bildästhetik erfüllt das mediale Bildarchiv nachdrücklich, ohne jedoch einen spezifischen ‚neuen Blick' auf das Geschehen zu suchen. Stattdessen konzentriert sich Wirth auf die Protagonistin selbst, deren Darstellerin Dana Vavrova später in zahlreichen Historienfilmen mitspielte (vor allem jenen ihres Mannes Josef Vilsmeier, mit dem sie den Holocaust-Film *Der letzte Zug*, 2006, koinszenierte).

Egon Monk, der bereits mit *Ein Tag* (1963) die Fernseh-Ikonographie des Holocaust maßgeblich mitgeprägt hatte, knüpfte 1988 an diese Tendenz des ‚alltäglichen Blicks' auf die Verfolgung unter dem Naziregime an, als er die 5-teilige Familiensaga *Die Bertinis* (Deutsche Erstausstrahlung: 31.10.1988 im ZDF) nach dem Roman von Ralph Giordano inszenierte. Die Serie erzählt die Geschichte einer halbjüdischen Familie in Deutschland von 1882 bis 1945, wobei im Mittelpunkt der gescheiterte Pianist und Dirigent Alf Bertini (Tomas Visek, später: Peter Fitz) und seine jüdische Frau Lea Lehmberg (Nina Hoger, später: Hannelore Hoger) stehen. Alf ist der Sohn des sizilianischen Kapellmeisters Giacomo Bertini (Nino de Angelo, später: Drafi Deutscher) und der Schwedin Emma Ossbahr (Christine Röthig, später: Elfriede Kuzmany). Dazu kommen später drei Söhne: Cesar (Till Dunckel, später: Florian Fitz), Roman (Sebastian Eble, später: Daniel Hajdu) und Ludwig (Aslak Maiwald, später: Holger Handtke). Die Familie lebt in einfachen Verhältnissen im Hamburger Arbeiterviertel Barmbek und bemüht sich um eine sichere Existenz, bis Hitler 1933 die Macht ergreift. Nun verändert sich alles: Der Gestapo-Mann „Melone" (Gerd Haucke) drangsaliert sie, die Eltern verlieren die Arbeit und schließlich die Wohnung. Mit der Flucht aufs Land setzt sich der Terror fort, obwohl ihnen der Widerständler Erich Snider (Willy Bartelsen) und Romans Ex-Freundin Erika Schwarz (Rosel Zech) helfen. Als die Verhaftung Leas durch die Gestapo droht, versteckt sich die Familie in einem modrigen Keller, wo sie von Snider versorgt wird. Kurz vor Kriegsende wird auch er erwischt und getötet, doch die Bertinis überleben mit Mühe und Not. Die letzte Folge erzählt, wie die Überlebenden untertauchen und im Verborgenen leben. Die Lage wird zusehends dramatischer, da sie ständig fürchten müssen, von der Gestapo entdeckt zu werden. Langsam gehen die Nahrungsvorräte aus. Als die Briten schließlich Hamburg einnehmen, werden auch die Bertinis befreit. In den letzten Einstellungen kriechen fünf zerlumpte Menschen aus einem überschwemmten, rattenverseuchten Keller hervor. Sie können kaum glauben, dass der Krieg vorbei ist, als sie im Tageslicht das von alliierten Bomben völlig zerstörte Hamburg erblicken.

Kurz nach dem Erfolg von *Holocaust* war das Interesse der deutschen Öffentlichkeit an der Nazizeit gestiegen, und der autobiografische Roman Giordanos stieß auf große Resonanz. Wie Janina David schildert er die Geschichte einer Familie unter dem alltäglichen Terror der Nazidiktatur. Fünf Jahre lang bereitete Egon Monk seine filmische Adaption des Romans vor. Das Geld sicherten ihm österreichische, französische und Schweizer Fernsehanstalten. Neben einer ausgesprochen positiven Kritikerresonanz hatte die Serie über sieben Millionen Zuschauer. Wie zuvor *Ein Stück Himmel* und später *Klemperer* wurde *Die Bertinis* als hochqualitatives Prestigeprodukt mit internationalem Appeal verstanden und kann heute als Dokument einer vergangenen Ära eines öffentlichrechtlichen Fernsehens betrachtet werden, das seinen Bildungsauftrag ernst nahm und sich noch nicht durch kommerzielle Konkurrenz irritieren ließ. Da Monks Serie historisch früher ansetzt als andere Serien zum Thema, schafft er ein deutliches Einfühlungsvermögen in das Schicksal der Familie, deren Vertreter ausführlich vorgestellt und charakterisiert werden. Über die Kunst (in diesem Fall die Musik) schafft er eine zusätzliche sinnliche Ebene der Identifikation – und Tragik. Mit dem Beginn der Terrorherrschaft der Nazis brechen so die gewohnten Strukturen spürbar zusammen, die Schlinge zieht sich enger und wie in *Ein Stück Himmel* geht es bald nur noch ums nackte Überleben. Dieses Trauma der Opfer – aus einem behüteten Bürgertum innerhalb weniger Jahre oder gar Monate in die obdachlose Existenz in improvisierten Zufluchten abzugleiten – vermitteln diese deutschen Produktionen. Sie lenken den Blick auf jene Schicksale, die der deutschen Bevölkerung einfach aus dem Blick ‚gerieten', indem sie ‚verschwanden'. Dabei bewahrt auch Monk strikt die Erzählperspektive der betroffenen Familie, schafft eine intime Nähe zu den Leidenden, ohne die drastische Ikonographie des Lagergeschehens je zu bemühen. Das tödliche Schicksal der Deportation und Vernichtung droht spürbar über dem unfreiwilligen Exil unter der eigenen Stadt.

Der aufwändigste Versuch einer Fiktionalisierung des Holocaust im deutschen Fernsehen ist zweifellos die zwölfteilige Serie *Klemperer – Ein Leben in Deutschland* (1999) von Kai Wessel und Andreas Kleinert nach dem Drehbuch von Peter Steinbach, frei basierend auf den Memoiren des Schriftstellers und Literaturwissenschaftlers Victor Klemperer.[2] Die Vorlage wurde erst in den 1990er Jahren posthum veröffentlicht: Die Tagebücher schildern aus subjektiver Sicht des Akademikers die zunehmende Ausgrenzung und Entrechtung der Juden unter dem NS-Regime. Produziert vom MDR in Kooperation mit den Konken Studios sowie dem Studio Babelsberg, beliefen sich die Produktionskosten auf damals 20 Mio. D-Mark. Gedreht wurde an Originalschauplätzen in Dresden sowie an Orten in Prag, die dem historischen Dresden ähneln. Bei der Erstausstrahlung in der ARD 1999 zielte die Serie auf ein Millionenpublikum ab, verzeichnete jedoch lediglich ca. 2,7 Mio. Fernsehzuschauer pro Folge. Man erreichte demnach nicht die ikonische Präsenz und Bedeutung von Serien wie *Holocaust* oder *Die Bertinis*, was auch an der inzwischen stark veränderten und erheblich differenzierteren Fernsehlandschaft in Deutschland gelegen haben mag. Auch die Wiederholungen brachten

---

[2] Steinbach erfand einige Episoden und Figuren hinzu, um das melodramatische Potential zu steigern. So ist die Affäre Klemperers mit der deutschen Studentin nicht den Tagebüchern entnommen.

nicht die erhoffte Aufmerksamkeit. Ins Ausland ließ sich die Serie schwer verkaufen, so lief sie vor allem in Finnland, nicht jedoch in den USA

Anders als *Die Bertinis* und *Ein Stück Himmel* beginnt *Klemperer* mit der Machtergreifung Hitlers, in Dresden 1933. Boykott-Aufrufe gegen jüdische Geschäfte werden von den SA-Horden verbreitet, Diskriminierungen häufen sich. Der Literaturprofessor Victor Klemperer (Matthias Habich) und seine Frau Eva (Dagmar Manzel), eine Pianistin, folgen dennoch ihrem Traum vom eigenen Haus im Grünen. Als Victor Klemperer zunehmend Repressalien an der Hochschule ausgesetzt und der für den Hausbau dringend benötigte Kredit nicht bewilligt wird, reagieren sie mit Trotz. Die Freunde Ellen und Heinrich Feller bieten den Klemperers in ihrer Not ein privates Darlehen. Weitere Freunde, Harry und Agnes Dember, kündigen an, Deutschland zu verlassen. Die Klemperers jedoch denken nicht daran, zu emigrieren und vor den Nazis zu flüchten. Klemperer baut das Häuschen fertig und macht mit Mühe und Not den Führerschein. Ungeachtet der Allgegenwart der Nazis, kauft er ein eigenes Auto. Doch zusehends wird es einsam um Victor und Eva Klemperer, denn immer mehr jüdische Familien aus ihrem Bekanntenkreis verlassen Deutschland.

Während in ganz Deutschland die Synagogen brennen, werden die Klemperers von dem Ausbruch des braunen Terrors in einer kleinen Ortschaft überrascht. Sie erleben die Demütigung jüdischer Familien mit, sehen, wie Geschäfte geplündert und in Brand gesetzt werden. In solchen Szenen kündigt sich das spätere Geschehen bereits deutlich im Bild an, etwa wenn Eva eine Bücherverbrennung miterlebt (Abb. 5.10).

Victor Klemperer ist weniger entrüstet als seine Frau, vielmehr macht sich die Angst breit. Auch wenn einige Gemeindemitglieder helfen – andere sind bereits der SS beigetreten und von einem Tag auf den anderen zu Todfeinden geworden. Was zukünftig droht, beginnen die Klemperers zu ahnen, als SS-Obersturmführer Malachowski vor ihrer Tür steht. Unter dem Vorwand einer Hausdurchsuchung wegen Waffenbesitzes terrorisiert er die beiden bis in die frühen Morgenstunden. Viktor Klemperer reagiert weiterhin mit Irritation und Unverstandnis. Der haltlosen Aggression des SS-Mannes hat er wenig entgegenzusetzen (Abb. 5.11).

Im Sommer 1939 wirkt sich schließlich der Krieg auf das Ehepaar aus. Victor Klemperer leidet zunehmend unter Herzproblemen. Wieder erlebt er mutige Unterstützung, diesmal durch eine Ärztin, die unter Lebensgefahr jüdische Patienten in einer geheimen Abteilung versorgt, die „Hotel Aviv" genannt wird. Als die Klemperers ihr Haus verlassen sollen, trifft Eva eine Abmachung mit dem früheren Fahrlehrer Müller (Michael Kind), der nun bei der SS ist. Da sich Eva entgegen der deutschen Rassegesetze nicht von Victor scheiden lassen will, müssen sie gemein-

Abb. 5.10 *Klemperer* – Bücherverbrennung. (© D 1999, MDR/Studio Babelsberg)

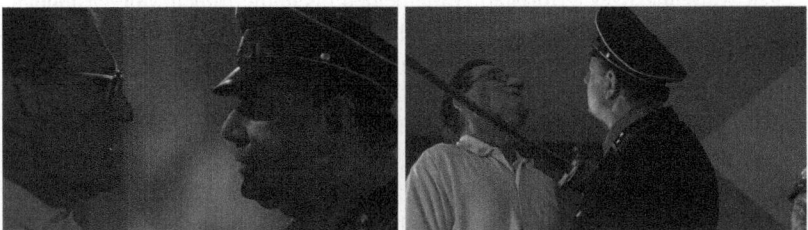

Abb. 5.11 *Klemperer* – Hausdurchsuchung durch die SS. (© D 1999, MDR/Studio Babelsberg)

sam in ein zugewiesenes „Judenhaus" ziehen. Wegen Verstoßes gegen die Verdunkelungsregeln muss Victor einige Zeit ins Gefängnis, wo ihm weitere Erniedrigungen drohen. Bis zu diesem Punkt hat die Serie zahlreiche Situationen kreiert, in denen eine Ahnung von dem eigentlich drohenden Terror der Konzentrationslager vermittelt wird, ohne allzu explizit in der Darstellung zu werden oder sich von der autobiografischen Perspektive zu entfernen. Insoweit setzt *Klemperer* die Tradition deutscher Holocaustserien fort, die wie *Die Bertinis* statt drastischer Reinactments und verflochtener Schicksale bewusst eine begrenzte Perspektive wählen, die eine größere Nähe zum Alltagserleben vermittelt.

Der tödliche Terror der Nazis wird von Kai Wessel nur sparsam und *pars pro toto* inszeniert. So wird zwar bereits in Folge 2 ein Rabbi von der SS festgenommen, doch erst in Folge 5 betreffen die ersten Schikanen die Klemperers direkt. Mit Folge 8 beginnt die Inszenierung, deutliche Holocaust-Ikonographie zu kreieren. Klemperer wird hier fast selbst deportiert, kommt jedoch auf Geheiß seines ehemaligen Fahrlehrers SS-Müller frei. Er sieht Viehwaggons, die der Deportation dienen und hört in einem englischen Sender Nachrichten, in denen berichtet wird, dass die Nazis die Deportierten in ihren Lagern vergasen. Die Familie reagiert auf diese Nachricht mit Unglauben und hält sie zunächst für Feindpropaganda. In der 9. Folge stürmt die SS, u. a. vertreten durch SS-Müller, das „Judenhaus". SS-Obersturmführer Malachowski vergewaltigt dabei fast eine junge Frau, wird aber von Müller zurückgehalten. Klemperer wird zur Zwangsarbeit abkommandiert, die seinem Herz sichtlich zu schaffen macht. Bei seiner Arbeit an den Eisenbahnschienen erlebt er Deportationen im Nebel mit – eine dramatische Darstellungskonvention, die den Titel von Resnais' Film *Nuit et bruillard* (‚Nacht und Nebel') ebenso beschwört wie die zugrundeliegende Redewendung. Wie eine böse Vorahnung zeigt eine einzoomende Einstellung lange den schwarzen Rauch, der vom Zugschornstein ausgestoßen wird. Neben den Gleisen bleiben die gehäuften Koffer zurück (wiederum ein ikonisches Bild). Aus Klemperers fassungslosem Blick wird deutlich, dass er nun glaubt, was im Radio beschrieben wurde. Bei einem gemeinsamen Weihnachtsfest mit Davidsternen im Baum – verliest Klemperer weinend den zermürbenden Bericht eines Deportierten. Das beschriebene Szenario lässt Bilder entstehen, die man aus internationalen Holocaust-Filmen und -Serien kennen mag – aus *Holocaust* und *Sophie's Choice* etwa, oder aus *Schindler's List*. Wessels Inszenierung evoziert so indirekt die etablierte Bildwelt, ohne sie direkt umzusetzen. Statt dessen baut er weiter auf analoge und metaphorische Motive. In Folge 10 etwa muss Klemperer tote Tiere zum Schlachthof bringen, wo sie ausgeweidet werden. Deutlich sieht man die gebrochenen Augen, die schnellen Schnitte, die

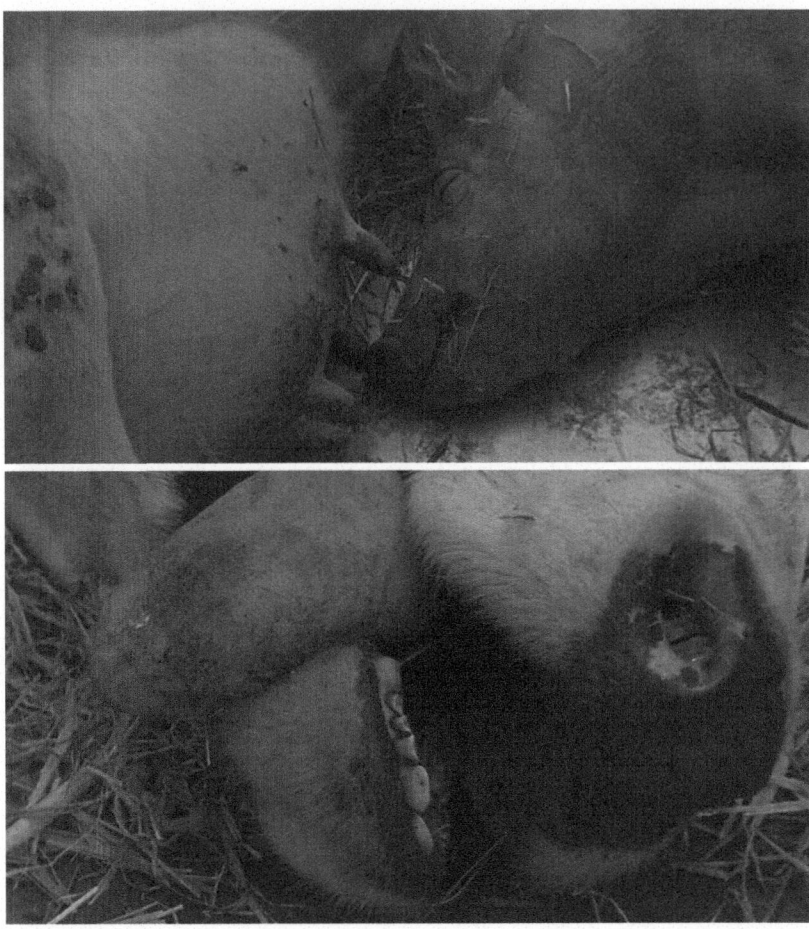

Abb. 5.12 *Klemperer* – Tierleichen als Opfermetapher. (© D 1999, MDR/Studio Babelsberg)

herausfallenden Gedärme. Es gelingt ihm, eine Rinderzunge zu sichern und in der Gruppe zu verteilen (Abb. 5.12).

Am Ende der Folge deportiert SS-Müller den verbliebenen Rabbi aus dem „Judenhaus". Der Verlust nahestehender Personen wird nun immer häufiger – und es kommt der epischen Erzählweise der Serie entgegen, dass man als Zuschauer diese Charaktere entsprechend nahe gebracht bekommt und diesen Verlust nachempfinden kann. In einer prägnanten Szene etwa wird der junge Friedhelm (Fabian

5 Der Holocaust im deutschen Fernsehen. Alltagsbilder aus dem Nazireich

Abb. 5.13 Klemperer – Friedhelms Tod. (© D 1999, MDR/Studio Babelsberg)

Busch) aus dem Umfeld der Klemperers von einem SS-Mann erschossen, als er nicht aufhören will, auf seiner Mundharmonika zu spielen (Abb. 5.13).

Danach wird das „Judenhaus" geräumt und die Männer und Frauen getrennt. Mit dem dramatischen Trennungsblick von Eva und Victor beginnt jener Teil der Serie, der am nächsten an der klassischen Holocaust-Ikonographie operiert. Eva wird mit den anderen Frauen in einem Behelfslager interniert. Davor müssen sie sich vor den Augen einer SS-wache entkleiden und werden desinfiziert. Hier geht die Inszenierung mit schonungsloser Direktheit vor und stellt den Voyeurismus des SS-Mannes deutlich aus. Später erfährt Eva von Victors drohender Deportation. Wieder gelingt es im letzten Moment, den Mann vor der Deportation zu retten. Ihr Wiedersehen zwischen den Viehwaggons wird im Stil der klassischen Holocaust-Ikonographie im Gegenlicht und Dampf der Maschinen überhöht (Abb. 5.14).

Das Anliegen der Serie *Klemperer* ist es offensichtlich nicht, ein explizites Bild vom nationalsozialistischen Genozid zu zeichnen, sondern aus einer subjektiven Sicht das wachsende Leid unter Verfolgung und Terror durch die Nazis zu schildern und an einigen Stellen spürbar werden zu lassen. Hierfür nimmt sich die Serie viel Zeit und reduziert die schockierende Ikonographie auf metaphorische Bilder (das Schlachtvieh) oder analog Situationen (das Internierungslager, die Viehwaggons), die das durch *Holocaust* etc. bereits etablierte Bildarchiv gezielt reaktivieren. Zur Erstaufführung stieß diese Strategie nicht nur auf Anerkennung: In der *Zeit* kritisierte Andreas (Kilb 1999): „Jenes ‚Zeugnis', das […] Klemperer von

Abb. 5.14 Klemperer – Rettung aus der Deportation. (© D 1999, MDR/Studio Babelsberg)

seiner Not ablegen wollte [...], wird bei Steinbach zur bloßen Teilansicht in einem bunten Bilderbogen aus Naziland. Indem er die Perspektive des allwissenden Erzählers einnimmt, betrügt uns Steinbach um die individuelle Wahrheit, die Stimme und den Blick des Tagebuchschreibers Klemperer. Diese Popularisierung wird zur Infamie, wenn Steinbach Klemperers Leben ausschmückt, um es genießbarer zu machen, etwa durch die Affäre des Professors mit einer blonden Exstudentin. Mit dem Druck der Quote sind solche Entstellungen nicht mehr zu rechtfertigen. Sie degradieren ein einzigartiges Dokument des Überlebens unter der Barbarei zu einem weiteren Kapitel in der langen Geschichte des Schunds." Doch auch wenn man diese drastischen Einwände nicht teilen mag angesichts einer sehr schauspielerzentrierten und atmosphärisch dichten Inszenierung, ist doch bemerkenswert, dass dieses Konzept offenbar auch nicht beim Fernsehpublikum funktionierte. Hatten *Holocaust* und *Die Bertinis* noch eine ganze Palette von Identifikationsfiguren und *Ein Stück Himmel* eine Heranwachsende im Zentrum, erscheint die Konzentration auf einen eher selbstmitleidig agierenden, zunächst privilegierten Akademiker, der immer wieder von seiner Frau oder anderen Personen vor dem Untergang bewahrt werden muss, eher unattraktiv, um das Interesse eines großen Publikums über 12 Serienfolgen zu fesseln. Der spezifisch im deutschen Fernsehen gepflegte Zugang, sich dem ‚Bildverbot' der Holocaust-Inszenierung einerseits zu beugen (indem etwa das Lager selbst nur in Erzählungen präsent ist) und sich stattdessen auf den Alltag der Protagonisten zu konzentrieren, dieser Versuch einer Subtilität im Umgang mit dem Genozid war mit *Klemperer* möglicherweise an einen Endpunkt gekommen. Längst hatten sich andere mediale Simulakren als Konstanten und Dominanten einer populären Erinnerungskultur behauptet und etabliert. Ihnen wurde der spektakuläre und grenzüberschreitende Zugang der Kinofilme seit 1994 gerechter als der privatisierte Ansatz einer deutschen Fernsehserie.[3]

---

[3] Bezeichnenderweise streifte später die episch angelegte ZDF-Serie *Unsere Mütter, unsere Väter* (2013) von Philipp Kadelbach die Holocaust-Thematik nur und konzentriert sich auf das Kriegsleid der deutschen Bevölkerung. An die Stelle der Holocaust-Ikonographie trat nun eine Ikonographie des ‚deutschen Opfergangs', wie er auch in den 1950er Jahren die präferierte Erzählung über diese Zeit war. Das Schicksal der deutschen Soldaten, der Kriegswitwen, die Schrecken der Bombardierung und der Kriegsvergewaltigungen wurden zu einem neuen Mythengeflecht in den deutschen Massenmedien.

6 Der Holocaust im amerikanischen Fernsehen. Vom Hyperrealismus zum historischen Simulakrum

Die Serie *Holocaust* stand in der epischen Form des historischen Familienromans in einer populären Tradition des amerikanischen Fernsehens. Wie *Roots* zuvor und *North and South/Fackeln im Sturm* (1985) danach perfektionierte sie eine spezifische Form von ‚Edutainment' („Bildung durch Unterhaltung"): der unterhaltsamen Vermittlung von Geschichte an ein weltweites Millionenpublikum – immer in Gefahr, das Dargestellte zu stereotypisieren. „*Holocaust* war vor allem eine mit den Mitteln des Fernsehens vorgenommene fiktionale Verdichtung des gesicherten Wissens über die Vorgänge (weshalb sie automatisch ‚klischeehaft' wirken mussten)" (Seeßlen 2013, S. 161). Mit ähnlichem Erfolg drehte Dan Curtis für den Sender ABC und das Filmstudio Paramount die monumentale Kriegsserie *The Winds of War/Der Feuersturm* (1983) nach dem Bestseller von Herman Wouk. Die Serie erzählt die Geschichte der Militärfamilie Henry bis ins Jahr 1941, mit Robert Mitchum, Ali McGraw und Jan Michael Vincent in den Hauptrollen. Das ZDF kaufte die Serie, strahlte sie jedoch in einer fast zwei Stunden gekürzten Fassung aus mit dem Argument, in dem gekürzten Material wären zahlreiche historische Ungenauigkeiten zu finden – vor allem in jenem Material allerdings, das mit Aufnahmen aus Nazideutschland arbeitet. Der Vorwurf wird nicht verwundern angesichts zahlreicher Anachronismen in der Ausstattung, die man der Serie vorwerfen kann.[1] Ähnlich wie in *Holocaust* werden auch in *The Winds of War* die Schlüsselereignisse der Kriegsjahre in personalisierter Form ausagiert: Polenfeldzug (1939), Westfeldzug (1940), Luftschlacht um England (1940), Operation Barbarossa (1941), Schlacht um Moskau (1941), Angriff auf Pearl Harbor (1941) sowie der japanische Angriff auf die Philippinen (1941). Motiviert durch den internationalen Erfolg

---

[1] Im Internet finden sich zahlreiche Seiten, die die Kostüme in den Massenszenen kritisieren.

Abb. 6.1 *War And Remembrance* – Serienankündigung. (© 1988, Dan Curtis Productions/ABC Circle Films/Jadran Films)

machte man sich im folgenden\ Jahr an eine zweite Staffel mit dem modifizierten Titel *War And Remembrance/Feuersturm und Asche – Der Krieg geht weiter* (1988), die die Ereignisse zwischen 1941 und 1945 umfasst und sich zudem stärker auf das Geschehen in Deutschland konzentrieren sollte. Obwohl Paramount diesmal als Koproduzent ausstieg, gelang es, die monumentale 12-teilige Serie für beispiellose 130.000.000 US-Dollar mit 44.000 Schauspielern und Komparsen an Schauplätzen in der ganzen Welt zu drehen.[2] Es handelte sich um die bis dahin teuerste TV-Produktion der Welt, wobei jede der Folgen zugleich Spielfilmlänge besitzt (zwischen 90 und 150 min) (Abb. 6.1). Diesmal erwies sich jedoch das Ausscheiden des Paramount-Studios als Problem, denn anders als bei der ersten Staffel stellte sich die Vermarktung auf Heimmedien (bis heute) als schwierig heraus. Auch die internationalen Verkäufe der Serie waren weit weniger effektiv. So lief sie in Deutschland erst 1995 auf dem Privatsender Kabel 1. Eine DVD-Box ist in Europa bis heute weder erhältlich noch geplant. So ist eine der monumentalsten TV-Serien außerhalb der USA nur schwer verfügbar.

War And Remembrance setzt die 1941 abgebrochene Erzählung vom Schicksal der Familie Henry während des 2. Weltkrieges nahtlos fort: Familienpatriarch Victor Henry (Robert Mitchum), zuvor Botschafter in Berlin, und seine Söhne Byron (Hart Bochner) und Warren (Michael Woods) kämpfen im Pazifikkrieg, wobei Warren ums Leben kommt. Victor lässt sich für seine Geliebte Pamela (Victoria

---

[2] Das Drehbuch war 1492 Seiten lang mit 358 Sprechrollen, es gab 2070 Kulissen an 757 Standorten.

Tennant) von seiner Ehefrau Rhoda (Polly Bergen) scheiden. Byrons jüdische Ehefrau Natalie (Jane Seymour) versucht verzweifelt, mit ihrer Familie die Wahlheimat Deutschland zu verlassen, doch sie wird mit ihrem Sohn Louis (Rhett Creighton) und ihrem Vater Aaron (John Gielgud) nach Theresienstadt gebracht und wird schließlich nach Auschwitz deportiert, wo sie von Alliierten in letzter Minute gerettet werden kann.

Anders als *Holocaust* macht *War And Remembrance* aus der amerikanischen Perspektive ein Prinzip, welches u. a. die Darstellung der Nazis auf buchstäblich sadistische Folterknechte reduziert. Auch dies könnte ein Grund sein, warum die Serie nie prominent im deutschen Fernsehen lief. Ihr fehlt der Rest Ambivalenz, den *Holocaust* noch über die Familie Dorf einbrachte. *War And Remembrance* affirmiert dagegen das mythische Bild der alliierten Regulativkraft, die erfolgreich gegen das historische Böse (Nazideutschland und das kaiserliche Japan) einschritt und hält die Rollen klar verteilt. Der Holocaust steht anders als in der gleichnamigen Serie nicht im Zentrum der Erzählung, sondern stellt einen von mehreren Subtexten dar, in diesem Fall unterschiedliche Kriegsschauplätze, in denen die Familienmitglieder in dramatische Ereignisse verwickelt werden. Während in der ersten Staffel der nationalsozialistische Genozid keine explizite Rolle spielt, wird in *War And Remembrance* vor allem über die Figur von Byrons Frau Natalie (Jane Seymour) ein Handlungsstrang etabliert, der Ghettoisierung, Folter und Deportation ausführlich inszeniert.

Der Handlungsstrang wird in der zweiten Folge vorbereitet. Der New York Times werden Berichte über die Gräueltaten der Nazis zugespielt, doch niemand schenkt ihnen Glauben. Die Regierungen der Welt ermöglichen es Hitlers Regime, ungestört den verheerenden Genozid vorzubereiten. In Folge 3 setzt Victors Sohn Byron alles daran, seine jüdische Frau Nathalie und den gemeinsamen Sohn Louis aus ihrem Aufenthalt in Italien zu retten. In Auschwitz erklärt unterdessen der deutsche SS-Kommandant Rudolf Höss (Günther Maria Halmer) Oberst Paul Blobel (Kenneth Colley), wie sie die Beseitigung der Beweise für die Massengräber mittels der neu errichteten Krematorien planen (Abb. 6.2).

In Folge vier gelingt es Nathalie mit Hilfe eines befreundeten Arztes, mit ihrem Onkel Aaron und ihrem Sohn die Stadt Siena zu verlassen, doch die SS ist ihnen dicht auf der Spur. Byron versucht verzweifelt herauszufinden, wo seine Familie steckt. In Folge 5 ist Aaron und Natalie im Winter 1942 der rettende Weg nach Lissabon versperrt. In Auschwitz planen gleichzeitig die Häftlinge Sammy Mutterperl (John Rhys-Davies) und Aarons Cousin Berel Jastrow (Chaim Topol) ihre Flucht. In einer Rückblende erinnert sich SS-Mann Blobel an die Ermordung von rund 30.000 Juden in Babi Jar außerhalb Kiews (jenes Ereignis, das auch in *Holocaust* explizit vorkommt). Er hält seine Männer an, die Leichen auszugraben, die Wertsachen zu entfernen und die Überreste zu verbrennen. Angesichts dieser Ereignisse

Abb. 6.2 *War And Remembrance* – die Organisatoren der Vernichtung, Häftlinge auf dem Weg in die Gaskammer. (© 1988, Dan Curtis Productions/ABC Circle Films/Jadran Films)

verliert Sammy die Nerven: Er entwendet einer SS-Wache die Maschinenpistole und tötet mehrere Deutsche, bevor er selbst von Salven getroffen und von Kolben zerschmettert wird. In Folge 6 keimt Hoffnung auf, denn es gelingt Victor, seine jüdische Schwiegertochter Natalie nach Baden-Baden zu schleusen, von wo ihr die Flucht gelingen könnte. In Folge 7 warten sie, der kleine Louis und Aaron in Baden-Badens berühmtem Hotel Brenner auf die Ausreise aus Hitlerdeutschland. Doch Aaron wird erkannt und gemeinsam mit seiner Nichte und deren Sohn nach Theresienstadt gebracht. Aarons Cousin Bebel versucht parallel weiterhin aus Auschwitz zu fliehen. In Folge 8 soll das internationale Rote Kreuz das zu Propagandazwecken errichtete ‚Vorzeigelager' Theresienstadt inspizieren. Der verantwortliche SS-Mann Adolf Eichmann (Milton Johns) zwingt Aaron, der Delegation ein idyllisches Lagerleben vorzutäuschen. Byron Henry erfährt dagegen aus einem Brief seiner Frau die Wahrheit über die Gräueltaten der Nazis. Zusammen mit ihrem Sohn soll Natalie nach Auschwitz deportiert werden. Folge 9 zeigt, wie diese geplante Deportation vorerst von Aaron verhindert werden kann. In Folge 10 gelingt es Natalie zudem, ihren Sohn Louis (nun gespielt von Hunter Schlesinger) aus dem Lager zu schmuggeln. In der 11. Folge rücken die Alliierten weiter vor, woraufhin Hitler die ‚Politik der verbrannten Erde' befiehlt: die Vernichtung feindlicher Zivilisten und Kriegsgefangener, inklusive der Auslöschung möglicher Beweise durch Verbrennung (daher die Metapher: wo Wehrmacht und Waffen-SS durchmarschierten, blieb nichts als ‚verbrannte Erde'). Natalie und Aaron werden nach Auschwitz deportiert.

An der berüchtigten Eisenbahn-Rampe in Auschwitz entscheiden SS-Offiziere, dass Natalie arbeitsfähig ist, aber der alte Aaron ermordet werden soll (Abb. 6.3). Als die Situation zusehends aussichtslos erscheint, wird Natalie in Folge 12 mit weiteren Lagerhäftlingen auf einen Todesmarsch geschickt. Eine amerikanische Patrouille kann sie retten. Der Sieg der Alliierten scheint unabwendbar. Victor und Byron fliegen nach Europa, um Natalie und Louis wiederzufinden.

Abb. 6.3 *War And Remembrance* – verängstigte Häftlinge, Selektion. (© 1988, Dan Curtis Productions/ABC Circle Films/Jadran Films)

Dan Curtis geht in seiner Inszenierung der zweiten Staffel in seinem visuellen Verismus rückhaltloser vor als Marvin Chomsky in *Holocaust*. Er führt das Konzentrationslagersystem und dessen Vernichtungsindustrie umfassend vor. Dazu bemüht er historische Nebenfiguren wie Höss und Blobel, die die Gaskammer und das Krematorium indirekt dem Publikum erklären. Später sieht man Massen von nackten Häftlingen vor der Gaskammer aufgereiht. Es lieg in dem enormen Budget der Serie begründet, dass Regisseur Curtis auf diese Weise eine Ahnung vom eigentlichen Ausmaß des Massenmordens vermitteln kann.

In der Einfahrt des Deportationszuges nach Auschwitz bemüht Curtis schließlich die etablierten ikonischen Bilder: die auf das Haupttor zulaufenden Gleise, der Umriss des Lagers bei Nacht, der bange Blick durch den Stacheldraht des Viehwaggons, die SS-Wachen im Gegenlicht, bellende Hunde, angstvoll aneinandergeklammerte Häftlinge (Abb. 6.4). Dazu kommen kleine Binnendramen wie die Selektion der (ehemaligen) Ghetto-Ältesten, die sich selbst in dieser infernalischen Situation als privilegiert betrachten. Ein SS-Mann zerschlägt einem protestierenden alten Mann (in Nahaufnahme) das Gesicht. Auch eher ungewohnte Nahaufnahmen von weiblichem SS-Personal kommen vor (Abb. 6.5).

Die Selektion an der Rampe durch einen sadistisch charakterisierten hochrangigen SS-Mann wird vom Regisseur bedenkenlos als Spannungsmoment ausagiert. Als Vorbereitung dieser Szene kann das Verhör in der Gestapo-Haft gelten, als zwei SS-Männer Nathalie demütigen und vor sich kriechen lassen, während sie genüsslich ihren kleinen Sohn hochhalten und drohen, ihn in Stücke zu reißen. Die flehende junge Frau blickt zu dem Peiniger auf, was wir zwischen seinen mit Breeches und Reitstiefeln bekleideten Beinen hindurch sehen. Solche filmischen Inszenierungen sadistischer Dominanz finden sich sonst eher im sexualisierten Kosmos der Naziexploitation- oder Sadiconazista-Filme (Stiglegger 1999) (Abb. 6.6).

Es geht Curtis also stets um den maximalen emotionalen oder melodramatischen Effekt, während der Aspekt der ‚unterhaltsamen Aufklärung' in dieser Serie

Abb. 6.4 *War And Remembrance* – das Lagertor, SS-Leute im Gegenlicht. (© 1988, Dan Curtis Productions/ABC Circle Films/Jadran Films)

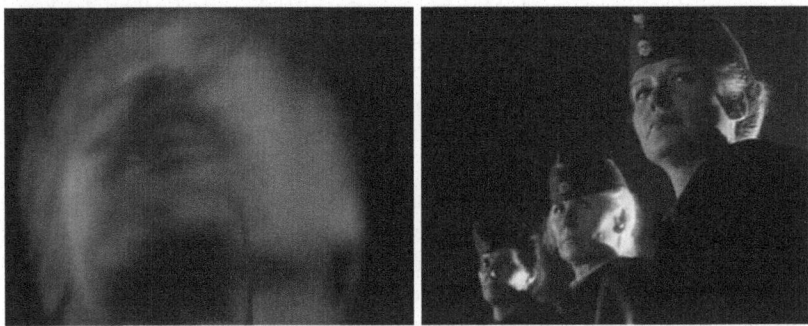

Abb. 6.5 *War And Remembrance* – Gewalt in Nahaufnahme, weibliches SS-Personal. (© 1988, Dan Curtis Productions/ABC Circle Films/Jadran Films)

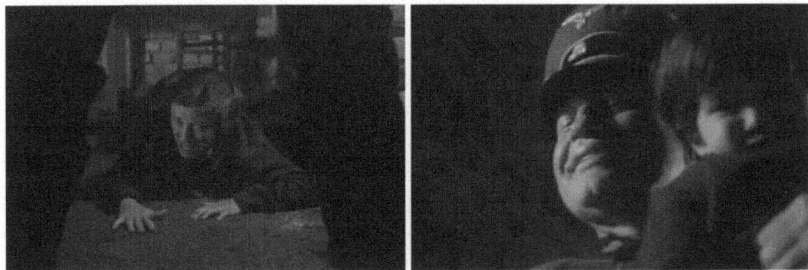

Abb. 6.6 *War And Remembrance* – Nathalie in der Gewalt der Gestapo. (© 1988, Dan Curtis Productions/ABC Circle Films/Jadran Films)

bei den pragmatischen Fakten bleibt. *Holocaust* dagegen kann diese divergierenden Aspekte enger führen, indem er auch einen Täter als (ambivalente) Identifikationsfigur anbietet. *War And Remembrance* ist insofern ebenso kontrovers, als er noch einen Schritt weitergeht in der Reinszenierung des Holocaust. Für Curtis gilt kein ‚Bildverbot', er richtet die Kamera schonungslos auf das Geschehen. Seine Idee ist historische Aufklärung durch rückhaltlosen Realismus. Problematisch ist allerdings seine konsequent amerikanische Sichtweise, in der es auf deutscher und japanischer Seite fast ausschließlich (anonyme) Täter, auf amerikanischer Seite fast nur Opfer oder Retter gibt. *Holocaust* hat hier den vergleichsweise mutigeren Weg gewählt, indem die alliierte Außensicht fast keine Rolle spielt. Chomsky zwingt dadurch regelrecht zu einer bewussten Positionierung, während Curtis in *War And Remembrance* den Zuschauer in einer ethischen Sicherheit wiegt, denn hier gibt es nur richtig oder falsch. Und diese Polarität ist klar verteilt – lediglich zu Beginn wird angedeutet, dass die USA lange Zeit das Treiben der Nazis billigend hinnahm.

Fünfzehn Jahre nach *War And Remembrance* taten sich Steven Spielberg und Tom Hanks zusammen, um mit einer ambitionierten semidokumentarischen Fernsehserie an den gemeinsamen Erfolg ihres Kriegsfilms *Saving Private Ryan/Der Soldat James Ryan* (1996) anzuknüpfen: *Band of Brothers* (2002) erzählt in aufwändigen Rekonstruktionen die Geschichte der Easy Kompanie, einer Gruppe junger amerikanischer Draufgänger, aus deren Sicht wesentliche Schlüsselsituationen der späten Kriegsjahre geschildert werden. Zu Beginn der einzelnen Folgen sehen wir die realen Vorbilder der Seriencharaktere, US-Veteranen des 2. Weltkrieges, die von ihren Erlebnissen berichten und die Serienhandlung so legitimieren. In der vorletzten Folge 9 mit dem Titel *Why we fight* – gedreht von David Frankel, geschrieben von John Orloff – entdecken die GIs ein verlassenes Konzentrationslager im Wald. Die Perspektive der amerikanischen Armee wird hier noch konsequenter als in *War And Remembrance* umgesetzt, denn wir erleben die Ereignisse stets nur aus Sicht der jungen Soldaten.

Die Handlung entwickelt sich episodisch und weitgehend unberechenbar: Im April 1945 wird die Easy Company nach Deutschland verlegt, wo sie zum ersten Mal mit der deutschen Zivilbevölkerung konfrontiert wird. Bei diesen Begegnungen erleben sie, dass der Feind nicht anders ist als sie selbst. Sie beginnen daraufhin, sich mit den Deutschen zu ‚verbrüdern' (etwa in Form kleiner Affären). Außerdem genießen sie es, nach einer vorangegangenen Zeit der Entbehrung an der Front in richtigen Betten schlafen zu können. Major Winters (Damien Lewis) macht sich in dieser Situation Gedanken um seinen Kameraden Captain Nixon (Ron Livingston), der durch die Kriegserlebnisse offenbar zynisch geworden ist und langsam zum Alkoholiker wird. Eher unvermittelt bricht die Holocaust-Thematik in diesen

Soldatenalltag ein: Kurz nach Präsident Roosevelts Tod entdeckt eine Sicherheitspatrouille in einem abgelegenen Wald ein verlassenes Konzentrationslager, bevölkert von Hunderten völlig ausgemergelten Gefangenen. Immer näher kommen sie diesem Herd des Grauens und der Vernichtung, dessen eigentliches Ausmaß sich langsam erschließt. Sie befreien die geschwächten Häftlinge und geben ihnen zu essen. Dann jedoch erhalten sie die Order, die KZ-Überlebenden in das Lager zurückzubringen, um ihre Bergung aufzuzeichnen. Der einheimischen Bevölkerung, die bestreitet, von dem KZ in ihrer Nähe gewusst zu haben, erteilen sie den Befehl, die verwesenden Leichen zu begraben und im Lager aufzuräumen. An dieser Stelle wird die Mehrdeutigkeit des Episodentitels deutlich: *Why We Fight* hieß jene Filmreihe, die Hollywood-Professionals wie Frank Capra, John Huston und Samuel Fuller als Regisseure und Kameraleute für die Propagandaabteilung der US-Armee während des 2. Weltkrieges gedreht hatten. In einer Mischung dokumentarischer und nachgestellter Aufnahmen sollte so die amerikanische Bevölkerung auf den alliierten Einsatz im Zweiten Weltkrieg vorbereitet werden. Sam Fuller hatte die heute weltberühmten Aufnahmen von der Befreiung und Räumung des Konzentrationslagers Bergen-Belsen geleitet, was den Filmemacher für sein Leben prägte.[3] In *Band of Brothers* reicht die vorletzte Folge gewissermaßen in Anlehnung an diese Reihe historischer Propagandafilme die Legitimation der amerikanischen Präsenz im Zweiten Weltkrieg nach. Spätestens hier wird die Notwendigkeit einer Vernichtung des Naziregimes deutlich (Abb. 6.7).

Die Inszenierung geht dabei mit steigender Intensität vor, zeigt immer mehr Details, die schließlich durch mündliche Berichte ergänzt werden. Als Winters und Nixon im Lager eintreffen, sehen sie aus erster Hand die schrecklichen Bedingungen der Gefangenen. Ein deutschsprachiger GI übersetzt die Aussage eines Häftlings, der ihnen mitteilt, dass hier vor allem Juden interniert und getötet worden seien, die als Musiker, Künstler oder Lehrer bei den Deutschen nicht mehr geduldet worden waren. Die Überlebenden sind in dramatischem Zustand und liegen teilweise neben ihren bereits verstorbenen Mithäftlingen. In einem Viehwaggon findet man Berge weiterer Leichen; nahgelegen soll sich noch ein Frauencamp befinden. Dies alles führt die Folge mit großer Intensität vor Augen, lässt den Zuschauer durch die Augen der GIs zum Mitzeugen werden. Während *War And Remembrance* inszenatorisch deutlich dem von *Holocaust* und *Sophie's Choice* vorgegebenen veristischen Weg folgt, basiert der spezifische Stil von *Band of Brothers* eher auf später ausgeprägten und differenzierten Konventionen. Mit Filmen wie *Saving Private Ryan* war die Konvention des Schwarzweißfilms als Signum der Vergangenheit längst überholt. Das Publikum hatte gelernt, die ausgewasche-

---

[3] U. a. drehte Fuller später den kontroversen Kriegsfilm *Verboten!* (1959) in Anlehnung an die Thematik.

Abb. 6.7 *Band of Brothers* – Impressionen des verwüsteten Lagers. (© USA 2009, HBO)

ne, monochrome Farbpalette von Filmen um die Jahrtausendwende als Methode der historischen Authentifizierung zu akzeptieren. So ist die ganze Serie *Band of Brothers* von einem schlammigen Grundton durchzogen, von fahlen Farben und wolkigem Himmel.

Die Monochromatik ist der im kollektiven Bildarchiv mittlerweile etablierte Code für das mythische Modell tragischer Historizität. Diese Konvention geht so weit, dass Filme, die etwa ein Konzentrationslagerszenario bei strahlend blauem Himmel und mit grünen Wiesen darstellen, umgehend als ‚unauthentisch' empfunden werden. 1955 prägte *Nuit et bruillard* das Bildarchiv des Publikums auf Jahrzehnte. Er unterschied hier zwischen der Gegenwart (nicht sichtbar manipulierte Farbaufnahmen) und der Vergangenheit (mitunter abgenutzte Schwarzweißaufnahmen). Resnais Ansatz wurde von Spielberg in *Schindler's List* nachvollzogen, indem er semidokumentarische Aufnahmen zu Beginn und am Ende des Films in

Farbe zeigt (darunter auch Aufnahmen der noch lebenden ‚Schindler-Juden'), mit Beginn der eigentlichen Binnenhandlung dem Film jedoch die Farbe weitgehend entzieht – abgesehen von einem Mädchen im roten Mantel, das zum Schlüsselmotiv erhoben wird. Die frühen Spielfilme über die Verbrechen der Nationalsozialisten bewahrten das von den Wochenschauen bekannte Schwarzweißformat als Inszenierungsstrategie – von *Kapo* (1960) von Gillo Pontecorvo bis *Judgement at Nuremberg/Das Urteil von Nürnberg* (1961) von Stanley Kramer oder *The Pawn Broker/Der Pfandleiher* (1964) von Sidney Lumet war eine Rekonstruktion der Konzentrationslager in Farbe undenkbar und widersprach diesem längst etablierten Bildgedächtnis. Die Bilder des Vergangenen mussten den vergangenen Bildern (der Wochenschauen) entsprechen. Erst in den 1970er Jahren experimentierte man mit neuen Inszenierungsstrategien: Um die Ereignisse in den Nazi-Konzentrationslagern darzustellen, wurde nicht von vornherein Schwarzweißmaterial benutzt, sondern das farbige Material wurde in seiner Sättigung soweit reduziert (‚Downgrading'), dass vor allem Braun- und Blautöne dominieren, was eine beklemmende und morbide Atmosphäre verstärken soll. Als mit Steven Spielbergs *Schindler's List* schließlich eine ganze Welle von Holocaust-Filmen entstand, hatten sich auch die filmischen Authentizitätsstrategien deutlich differenziert: vom Downgrading der Farb/Schwarzweiß-Kombinationen in *Schindler's List* über weitere filmische Sabotage-Strategien wie radikale Subjektivität, wackelnde Handkamera und Monochromatik in *Der neunte Tag* bis hin zu streng reduzierten Perspektiven in *The Pianist* von Roman Polanski. Diese Beispiele zeigen, dass über die Jahrzehnte eine teilweise konventionalisierte Vorstellung der geschichtlichen Ereignisse (mediale Simulakren von der Geschichte) etabliert wurde, von der eine Inszenierung nur in engem Rahmen abweichen kann, ohne ‚unglaubwürdig' zu werden. Durch diese Konventionalisierung jedoch arbeiten Kino und Fernsehen an einer ‚populären' Mythisierung der Geschichte. Akzeptiert wird nur, was dem kollektiven Bildgedächtnis entspricht, kritisiert wird, was andere Wege sucht. Mit *Schindler's List* gab sich das Medium Film deutlich wahrnehmbar als ein wichtiges Archiv im Sinne von Bildgedächtnis zu erkennen, dessen Bedeutung für die Identitätsbestimmung unserer Gegenwartskultur weiterhin zunimmt. Zugleich aber trug Spielberg dem Diktum der ‚Nichtdarstellbarkeit' seinerseits Rechnung, indem er das Filmmaterial betont ‚downgradete'.

Verzichtet ein historischer Film auf die besagten Inszenierungskonventionen (also Colour-Downgrading, Schwarzweiß-Material), entsteht die Gefahr der mangelnden Glaubwürdigkeit, denn das Publikum ist auf diese Authentifizierungsstrategien konditioniert. Ein Beispiel für einen solchen Versuch der Umkehr des konventionellen Downgrade-Verfahrens ist Tim Blake Nelsons *The Grey Zone*. Obwohl Nelson ebenfalls weitgehend mit entsättigten Farben arbeitet, schaffte er vor

6 Der Holocaust im amerikanischen Fernsehen

Abb. 6.8 *Band of Brothers* – Lagerikonografie. (© USA 2009, HBO)

allem in den Szenen im Tageslicht einen erstaunlichen Kontrapunkt: In naturalistischer Farbigkeit erstrahlt bei ihm die künstlich bewässerte, saftig-grüne Wiese vor dem Krematorium, auf der die Sonderkommandos in ihren Pausen Schach spielen und ausruhen dürfen. Es sind gerade diese Kontrapunkte zur monochromen Tristesse der Innenräume, die laut einem Statement des Regisseurs beim Filmfestival Oldenburg, wo der Film 2004 zu sehen war, zu massiven Vorwürfen des Zynismus und der Geschichtsverfälschung führte.[4] Doch gerade diese Momente waren sorgfältige Rekonstruktionen der historischen Fakten, sowohl was die privilegierten Häftlinge betraf, als auch die gepflegte Anlage und natürlich die Sonne. Was verstörte, war dagegen die unverfälschte filmische Vermittlung, die auf jede Medien-

---

[4] Der Autor war bei dieser Filmpräsentation persönlich anwesend.

ästhetik der Störung in diesem Fall verzichtete – und den eigentlichen Zynismus des Lagersystems umso mehr betonte. Ein Beispiel wie *The Grey Zone* mag verdeutlichen, wie einschneidend die populären Medien das kollektive Bildgedächtnis prägen und sich mitunter völlig von den vorfilmischen Ereignissen und Situationen lösen. Spielfilme vom Grindhouse bis zum Arthouse und Fernsehserien prägen mit ihren Stilismen und Verkürzungen ein Bild, das als ‚wahrer' als die historische Realität erscheint – selbst wenn es auf der Basis einer Medienästhetik der Störung konstruiert wurde (Abb. 6.8).

Band of Brothers affirmiert die in den 1990er Jahren etablierten Konventionen also nachdrücklich und erschafft damit wiederum ein für ein großes Fernsehpublikum äußerst befriedigendes historisches Simulakrum. Die modrige Farbpalette evoziert das Gefühl, selbst im zugigen Graben zu liegen oder durch frostige Wälder zu streifen und bestätigt somit den diffusen (und durchaus unangemessenen) Eindruck im Zuschauer ‚selbst dabei zu sein'.

Präsenz des Holocaust im internationalen Fernsehen 7

Die Mehrzahl der internationalen Fernsehproduktionen zum Holocaust kommen zweifellos aus den USA und (West)Deutschland, doch das folgende Kapitel soll das Bild um einen punktuellen Blick in die Produktionen anderer Länder werfen, um Ähnlichkeiten und Unterschiede im Umgang mit der Holocaust-Ikonographie aufzuzeigen. Dabei wird sich zeigen, dass dieser Umgang jeweils von den politischen und ideologischen Strömungen in den Herstellungsländern geprägt war und ist.

Im Fernsehen der Deutschen Demokratischen Republik bis 1989 finden sich nur Verweise auf den Holocaust – meist im Kontext und der Ikonografie von Kriegsserien. Das mag daran liegen, dass für die offizielle DDR-Geschichtsschreibung aus ideologischen Gründen vor allem die sozialistischen und kommunistischen Häftlinge in den Konzentrationslagern von Interesse waren. In dem Spielfilm *Nackt unter Wölfen* etwa geht es eher um den Mythos des von sozialistischen Häftlingen ‚selbst befreiten' Lagers Buchenwald.[1] Jüdische Häftlinge erscheinen hier nur als Nebenfiguren, die im Lager den Schwarzmarkt zu beherrschen scheinen. In der Ideologie der SED standen die Juden für den Handel und somit indirekt für den Kapitalismus.[2] Das Interesse an dem jüdischen Opferschicksal war in den Medien der DDR folglich marginal bis nicht vorhanden. Nichtsdestotrotz findet man in Abenteuer- und Kriegsserien wie *Archiv des Todes* (1980) von Rudi Kurz auch im

---

[1] Dieser ideologische Mythos ist so umstritten, dass ein unter dem DDR-Regime errichtetes Mahnmal dieser ‚Selbstbefreiung' heute außerhalb des Lagergeländes stehen muss.

[2] Dieser Stereotyp erinnert direkt an den Nazibegriff vom „Finanzjudentum", den Hitler in seinen Reden immer wieder beschwor. Siehe zu dieser Thematik auch: Weiß, Konrad: Antisemitismus und Israelfeindschaft in der DDR, http://www.kas.de/wf/doc/kas_9008-544-1-30.pdf?071105134557 (Stand: 26.1.2014).

DDR-Fernsehen enge Bezüge zur etablierten Holocaust-Ikonographie. In 11 von 13 der im Januar 1980 erfolgreich ausgestrahlten Episoden wird deutlich auf Deportation, Gefangenenlager und Todeskommandos verwiesen. Dramaturgisch knüpft *Archiv des Todes* an das Sonderkommando-Subgenre des Kriegsfilms an, wie man es von amerikanischen und britischen Produktionen kennt (*The Dirty Dozen/Das dreckige Dutzend*, 1966, von Robert Aldrich; *Where Eagles Dare/Agenten sterben einsam*, 1968, von Brian G. Hutton) und setzt dies in monochromen, körnigen Aufnahmen um, wie man sie später u. a. aus Elem Klimows berühmtem Kriegsfilm *Idi i smortri/Komm und sieh* (1985) kennt. Am 8. November 1944 überfliegen fünf Fallschirmjäger in einem kleinen Flugzeug die Front: Ihr Ziel liegt hinter den deutschen Linien in Polen. Das Ziel ihres Auftrags ist geheim, lediglich Georg, ein deutscher Kommunist, und Boris, ein Oberleutnant der sowjetischen Aufklärung, kennen es. Zur Gruppe gehören noch Hauptmann Ernst, der ein Jahr zuvor mit seiner Einheit zur sowjetischen Armee übergelaufen ist. Heiner, ein ehemaliger Hitlerjunge sowie der Pole Janek, der als Partisan in Polen kämpfte. Bevor die Männer das Zielgebiet erreichen, wird die Maschine von den Deutschen abgeschossen. Sie müssen über unbekanntem Gebiet abspringen, wobei George verletzt und von der Gruppe getrennt wird. Die Serie erzählt nun von den verzweifelten Versuchen der Männer, wieder zusammenzufinden und ihre Mission zu erfüllen.

Obwohl es in *Archiv des Todes* (ungeachtet des Titels) nicht explizit um den Holocaust geht, finden sich immer wieder Verweise auf die Genozidpläne der Nazis. In Folge 2 etwa wird im Kontext der deutschen Kriegsführung gesagt: „Die Konvention von Genf wurde von Ihnen und Ihrer Armee seit Anfang des Krieges millionenfach gefoltert, erschossen und gehängt,... *millionenfach verbrannt*... und die Asche in alle vier Winde verstreut." In Folge 3 sieht man deutsche Soldaten, die Zivilisten auf LKWs verladen. Als Grund der „Razzia" wird von einem Offizier nach kurzem Überlegen „Arbeitskräftebeschaffung" angegeben. Die Inszenierung legt jedoch nah, dass dies nur eine beschönigende Wendung sein könnte, die das eigentliche Ziel verschleiert. In Folge 4 sieht man deportierte Zivilisten: Dicht gedrängt in einem Viehwaggon eingepfercht, kämpfen sie um die spärlichen Wasser- und Brotrationen. Wie in *Holocaust* ist die Handkamera hier mitten im Geschehen platziert. Als der Zug hält, sieht man den farblich abgesetzten Waggon für die SS-Leute, während die anderen Waggons gleichförmig und einfach erscheinen.

In Folge 5 geht das Schicksal des Häftlingszuges weiter: Unter Zeitdruck muss je ein Mann aus jedem Waggon einen kollektiven Wasserbehälter füllen. Als ein Mann vor der Abfahrt nicht mehr in seinen, sondern einen anderen Waggon einsteigen will, weil seiner Angabe nach Verwandte darin seien, wird er von einem deutschen Soldaten geschlagen. In Folge 6 sehen wir, dass die Gefangenen aus dem Zug deutlich sichtbare rautenförmige Zeichen mit einem „P" („Pole") tragen.

Sie müssen den Zug verlassen und den Weg zu Fuß fortsetzen. In Folge 7 graben die Gefangenen nach Mineralien, während deutsche Soldaten am Feuer sitzen, rauchen und reden. Ein Händler mit auffällig prägnanter Nase kommt vorbei – ein antisemitisches Stereotyp, wie man sie auch in dem Film *Nackt unter Wölfen* sieht. Es gibt also keine direkte Holocaust-Ikonografie in der Serie, höchstens Bilder, die daran erinnern, vor allem im Kontext des Gefangenentransports. Es muss allerdings festgehalten werden, dass die genannten Motive allenfalls ein Subtext der Erzählung sind, denn nie scheint der Holocaust hier direkt Thema zu sein.

Sehr ähnlich wie *Archiv des Todes* geht eine extrem erfolgreiche und einflussreiche polnische Kriegsserie vor: Die aufwändig produzierten 18 Folgen von *Stawka wieksza niz zycie/Sekunden entscheiden* (1968) von Janusz Morgenstern und Andrzej Konic etablierten eine bis heute populäre Agentenfigur:[3] Im Zentrum steht Hans Kloss (Stanislaw Mikulski) – alias „J 23" (J wie Janek) –, ein Oberleutnant der polnischen Abwehr. Bereits zu Beginn des 2. Weltkriegs konfrontiert man ihn mit einer großen Bewährungsprobe: Gut ausgebildet, aber ohne praktische Erfahrung soll er die deutsche Wehrmacht unterwandern. Ständig von der Enttarnung durch die Nazis bedroht, sammelt Kloss wichtige Informationen über die Pläne des Feindes, verhindert somit Gräueltaten und kämpft von innen – als scheinbarer Teil der deutschen Spionageabwehr – für die Freiheit des polnischen Volkes. Verlegt in den 2. Weltkrieg, kann man den attraktiven, virilen und kampflustigen Hans Kloss als eine Variante des britischen Agenten James Bond interpretieren. Während die ganze Serie von „Nazi Chic" (Stiglegger 2011) durchzogen ist (stets etwa tritt Kloss selbst in schneidiger Uniform auf) – sie baut also auf die ambivalente Faszination des deutschen Feindes –, ist sie jedoch weitgehend frei von expliziter Holocaust-Ikonographie. Auch in Polen dürfte das Interesse an einer Auseinandersetzung mit dem Holocaust selbst begrenzt sein, denn immerhin wurden in diesem Land die Todeslager Auschwitz und Birkenau mit Hilfe einheimischer Kräfte betrieben. Dennoch finden sich – wie in *Archiv des Todes* – assoziative Momente, die auf den Holocaust verweisen (Abb. 7.1).

In Folge 6 werden bei einem Verhör Bilder von Erschießungen als Druckmittel eingesetzt, die an Massenexekutionen (wie Babij Jar) erinnern. Gewalt gibt es in der Serie hauptsächlich zwischen einzelnen Figuren (Schießereien, Verfolgungsjagden, Verhörszenen). Immer wieder jedoch sind im Hintergrund oder in anderem Kontext Razzien und Deportationen zu sehen, die an spätere Inszenierungen aus *Holocaust* oder *Ein Stück Himmel* erinnern.

Völlig anders geht das französische Kino und Fernsehen mit der Holocaust-Thematik um. Von den 1950er Jahren bis heute finden sich zahlreiche sehr unter-

---

[3] Ab dem 13.2.1969 wurde die Serie auch erfolgreich im DDR-Fernsehen gezeigt.

Abb. 7.1 *Stawka wieksza niz zycie* – Deportation. (© Polen 1967/1968, Telewizja Palska TVP/Zespól Realizatorów Filmowych Syrena)

schiedlich motivierte Produktionen über den nationalsozialistischen Genozid in Frankreich. Einen der meistdiskutierten Beiträge lieferte der Genreregisseur Robert Enrico 1975 mit seiner Kinoproduktion *Le vieux fussil/Das alte Gewehr/Abschied in der Nacht*, in der ein kurzsichtiger Humanist (Philippe Noiret) die barbarische Ermordung seiner Familie (u. a. Romy Schneider) durch Angehörige der Waffen-SS-Division ‚Das Reich' mittels eines alten Gewehrs rächt. Während der Film in Frankreich hervorragende Kritiken erhielt, zeigte sich die deutsche Presse (*Der Spiegel, film-dienst*[4]) über die stereotype Darstellung der SS-Soldaten verärgert. Auch von der Politik kam Druck, sodass die deutsche Kinofassung nicht nur in der drastischen Gewaltdarstellung zensiert wurde, sondern auch besonders menschenverachtende Dialoge der SS-Leute durch alternative Szenen ersetzt wurden.[5] In der DDR lief der Film jedoch ungekürzt. Enrico kehrte 1985 zum Thema zurück und verfilmte die Memoiren des Holocaust-Überlebenden Martin Gray als Kinofilm und Fernsehserie (8 Teile in Frankreich, 3 Teile in Deutschland[6]). *Au Nom de Tous Les Miens/Der Schrei nach Leben* entstand in französisch-kanadischer Koproduktion mit dem Budget und der Besetzung einer großen Kinoproduktion. Obwohl es sich grundsätzlich um ein Biopic über den Überlebenskünstler Martin Gray handelt, enthält die Serie eine lange Passage über den Holocaust, in der Deportation und Lagergeschehen thematisiert werden. Und es sind diese Szenen, die *Au Nom de Tous Les Miens* zu einem Bindeglied zwischen dem amerikanischen Verismus

---

[4] Konkrete Beispiele: Dieter Wild: *Barbaren am Werk*. In: *Der Spiegel*. Nr. 39, 1975, S. 156; Bastian, Günther: *Das alte Gewehr*. In: film-dienst 24/1975.

[5] Die ungekürzte deutsche DVD (New) bietet die alternativen Szenen im Bonusmaterial.

[6] Die deutsche Erstausstrahlung war im November 1986 in 3SAT.

aus *Holocaust* und *War and Remembrance* sowie dem eher indirekten deutschen Zugang aus *Ein Stück Himmel* und *Klemperer* machen.

Die Serie *Au Nom de Tous Les Miens* beginnt im Jahr 1970. Martin Gray (Michael York), ein gebürtiger Pole jüdischer Abstammung, verliert bei einem Waldbrand in Südfrankreich seine Frau und seine vier Kinder. In blinder Verzweiflung ist er entschlossen, sich mit einer verbliebenen Schrotflinte das Leben zu nehmen. Doch zuerst möchte er noch Zeugnis ablegen über sein tragisches wie dramatisches Leben – und über die Menschen, die einst sein Leben teilten. Gray wurde 1922 als Sohn reformierter, unreligiöser Juden geboren. Seine Lebensgeschichte in der Serie wird 1939 mit dem Einmarsch der deutschen Truppen in Warschau aufgenommen. Mit 15 Jahren wird Gray (Jacques Penot) zu einem Schmuggler unter Benutzung der Straßenbahn, die anfangs noch das jüdische Ghetto durchquert. Gemeinsam mit polnischen Gaunern, die ihn selbst einst überfallen hatten, transportiert er täglich unter Lebensgefahr zentnerweise Nahrungsmittel ins Ghetto. Sein Vater (Michael York) missbilligt diese Aktivitäten. Es entstehen immer weitere Schmugglerbanden im Ghetto. Viele von ihnen werden von der Gestapo gefasst. Martin und seine Komplizen entgehen selbst mit knapper Not einer Festnahme. Doch schließlich wird auch Martin Gray deportiert. Nach der Ankunft im Vernichtungslager Treblinka muss Martin miterleben, wie seine Mutter (Macha Méril) und seine Brüder in die Gaskammer gebracht werden. Ihm selbst gelingt es dagegen zu entkommen. Besessen vom Willen zu überleben und um der Welt zu berichten, was in Treblinka geschieht, schlägt sich Martin Gray bis nach Amerika durch, wo er erneut Karriere macht. Nach der Familientragödie, die er 1970 überlebt, nimmt sein Leben erneut eine positive Wendung: Er heiratet 1976 zum zweiten Mal, 1983 veröffentlicht er seine Memoiren, auf denen die Serie basiert.

Inszenatorisch knüpft Robert Enrico in *Au Nom de Tous Les Miens* an die drastische Direktheit seiner Kinoproduktionen an. Er inszeniert alle Standardsituationen, die man aus *Holocaust* bereits kennt: die Räumung des Ghettos, die Deportation, die Todesmärsche, die Selektion, der Abschied zerrissener Familien bis hin – und hier geht er deutlich weiter als die vorangehenden Serien – zum Tod in der Gaskammer (Abb. 7.2). Martin Gray ist bei diesen Ereignissen als Augenzeuge präsent, was auch seine Memoiren zu einem wichtigen Dokument der Holocaust-Literatur macht.

In intensiven, weitgehend monochromen Einstellungen sehen wir den Blick aus dem mit Stacheldraht verkleideten Waggons, wir erleben, wie Gray durch seine Kontakte erneut entkommen kann, während ein Ghetto-Komiker ihn noch im Abtransport mit einem ironischen Gestus grüßt (Abb. 7.3). Immer wieder bleibt die Kamera nah am Point-of-View-Shot (Subjektive) und lässt uns mit den Häftlingen laufen (Abb. 7.4).

Abb. 7.2 *Au Nom de Tous Les Miens* – Blick aus dem Waggon, Vorlage der Papiere. (© Frankreich/Kanada 1985, Les Productions Mutuelles Ltée, Producteurs Associés, TF1 Films)

Abb. 7.3 *Au Nom de Tous Les Miens* – Tote im Ghetto, der letzte Gruß des Komikers. (© Frankreich/Kanada 1985, Les Productions Mutuelles Ltée, Producteurs Associés, TF1 Films)

Abb. 7.4 *Au Nom de Tous Les Miens* – Ankunft des Zuges, der Weg zum Lager. (© Frankreich/Kanada 1985, Les Productions Mutuelles Ltée, Producteurs Associés, TF1 Films)

Abb. 7.5 *Au Nom de Tous Les Miens* – Abschiedsblick von Kind und Mutter. (© Frankreich/Kanada 1985, Les Productions Mutuelles Ltée, Producteurs Associés, TF1 Films)

Abb. 7.6 *Au Nom de Tous Les Miens* – Schuhe, Brillen. (© Frankreich/Kanada 1985, Les Productions Mutuelles Ltée, Producteurs Associés, TF1 Films)

In konfrontativen Nahaufnahmen sieht man die letzten Blicke zwischen Mutter und Kind, die bei der Ankunft im Lager getrennt werden (Abb. 7.5).

Am Bahnhof werden die Habseligkeiten der Deportierten gesammelt und angehäuft. In fast schon ikonischen Nahaufnahmen sehen wir Unmengen von Brillen und Schuhen – Bilder, die man auch aus den Dokumenten der befreiten Lager kennt (Abb. 7.6).

Den drastischen Höhepunkt jedoch bietet Enrico in der Inszenierung der Massentötung in der Gaskammer. Zwar vermeidet er den voyeuristischen Blick in die Kammer selbst, in der die Opfer sterben, doch er lässt Martin Gray den Strom der Körperflüssigkeiten beobachten, der aus den Abflüssen unter dem Kammertor rinnt. Um die schlimmsten Befürchtungen zu bestätigen, werden die Tore weit geöffnet und wir sehen mit dem Protagonisten in einer Halbtotalen die aneinandergekrampften nackten Toten auf glitschigem Asphalt liegen (Abb. 7.7).

Abb. 7.7 *Au Nom de Tous Les Miens* – Blick in die Totenkammer. (© Frankreich/Kanada 1985, Les Productions Mutuelles Ltée, Producteurs Associés, TF1 Films)

In *Holocaust* sagt der SS-Mann nach dem Blick in die Gaskammer: „Wie eine Szene aus Dantes Inferno." Enrico liefert dieses Bild in intensiver Deutlichkeit nach und belebt damit die erschütternden Bilddokumente aus *Nuit et bruillard* im kollektiven Bildarchiv erneut. Enricos Inszenierung scheint von einer immunisierenden und bewusstseinsprägenden Wirkung drastischer Inszenierungen ausgehen.

Ein Gegenentwurf zu diesem französischen Ansatz, der deutlich um historische Aufklärung bemüht ist, findet sich im Fernsehen des nahen Ostens. Auch dort spielt der Holocaust als mediale Thematik keine bedeutende Rolle (abgesehen natürlich von Israel). Eine Kuriosität stellt daher die iranische Familienserie *Madar-e sefr daradscheh* (2006/2007) von Hasan Fathi dar, die auf den ersten Blick nicht in das antisemitische und antiisraelische Propagandakonzept des Iran zu passen scheint (Abb. 7.8).[7] Hier geht es in 47 Episoden[8] um den iranischen Diplomaten Habib Parsa (Shahab Hosseini), der während des Zweiten Weltkrieges eine jüdische Familie vor der drohenden Deportation rettet und sich dabei in die junge Jüdin Sara Astrok (Nathalie Matti) verliebt. An einigen Stellen taucht hier Holocaust-Ikonografie auf, doch meist beschränkt sich die Inszenierung auf Dialogsituationen. Wesentlich dominanter sind allerdings (mitunter krude inszenierte) stilistische Verweise auf den klassischen Gangsterfilm sowie den amerikanischen Film noir[9],

---

[7] Zahlreiche Folgen der Serie sind über www.youtube.com (Suchpfad: „Iranian Jews & WW2 Persian Serial with English Subtitle") zu sehen, sogar mit englischen Untertiteln.

[8] Ebbrecht (2011, S. 323) nennt fälschlich 30 Folgen.

[9] Etwa in Folge 43, in der zweiten Hälfte, als es zu einem Bandenkampf auf nebliger Straße kommt.

Abb. 7.8 Logo der Serie *Madar-e sefr daradscheh*. (© Iran 2006/2007, Islamic Republic of Iran Broadcasting Channel/Filmservice Kft)

denn letztlich geht es hier weniger um eine fiktionalisierte Wiedergabe historischer Ereignisse, als um eine Verschwörungstheorie: Die Serie zeigt den Konflikt zwischen radikalen Zionisten und friedlichen Juden, wobei hier die äußerst fragwürdige These ausgespielt wird, die Zionisten hätten mit Hitler kooperiert und durch die Vertreibung der Juden aus Westeuropa die Gründung eines zionistischen Staates Israel erzwungen. Der Vertreter der Zionisten trägt hier den Namen Theodor Stark, der an den historischen Zionisten Theodor Herzl anknüpft[10], während der friedliche Professor Weiß, der die Bestrebungen der Zionisten ablehnt, einen deutlichen Verweis auf die Familie Weiss aus *Holocaust* streut. Die Serie dient durch ihre Formulierung einer verschwörerischen Zusammenarbeit von Nazis und Zionisten also durchaus propagandistischen Zwecken und rückt die Gründung des Staates Israel historisch in ein kriminelles Licht, der hier letztlich als Ergebnis eines jüdischen Bandenkrieges erscheint:[11] „So wird bereits vor seiner Abreise nach Frankreich das Leben des Hauptprotagonisten Habib in Teheran geschildert, unter anderem im Zusammenhang mit einem Mordfall. Ein iranischer Rabbiner, der der Emigration der Juden nach Palästina kritisch gegenübersteht, wird getötet – von Zionisten.

---

[10] Auf Herzl und den ‚jüdischen Weltkongress' beziehen sich auch die fiktiven und umstrittenen ‚Protokolle der Weisen von Zion'.

[11] Mohammad Reza Kazemi: Iranische Holocaust-Serie: Verschwörer als Betörer. In: http://www.spiegel.de/kultur/gesellschaft/iranische-holocaust-serie-verschwoerer-als-betoerer-a-504864.html (Stand: 11.12.2013).

Auch der Onkel der jüdischen Studentin Sara erlebt das gleiche Schicksal. Der plumpe Plot: Der pensionierte Geschichtsprofessor ist in Besitz von Dokumenten, die die geheimen Verbindungen zwischen dem jüdischen Weltverband und den Nationalsozialisten dokumentieren." Einerseits entspricht also auch diese Serie dem nationalen Diskurs des Iran über Israel und den Holocaust[12], andererseits wird hier sowohl die Holocaust-Thematik wie auch deren Ikonographie benutzt (geradezu ausgebeutet), um eine propagandistische Botschaft zu illustrieren – ein Schritt, den zuvor keine andere Produktion bei dieser Thematik gewagt oder intendiert hätte. Aus welchem Grund auch?

---

[12] „Zwar war Ahmadinedschad damals tatsächlich noch nicht an der Macht. Die Thesen der Holocaust-Leugner waren jedoch durch Personen wie den französischen Autoren Roger Garaudy auch im Iran längst bekannt – und populär. Ein Buch des Antisemiten Garaudy taucht sogar im Abspann der Serie auf – als ‚historische Quelle'. Es kommt noch dicker: Als ‚historischer Berater' des Regisseurs Fatthi fungiert Abdollah Shahbazi, ein entschiedener Holocaust-Leugner, wie die Beiträge in seinem Weblog www.shahbazi.org beweisen." A. a. O.

Fazit 8

Der vorliegende Band hat die Thematisierung und Inszenierung des Holocaust in amerikanischen, deutschen und internationalen Fernsehserien untersucht. Er dokumentierte den Weg von den historischen Fotodokumenten über die Entstehung einer frühen kinematographischen Holocaust-Ikonografie bis hin zur Popularisierung dieser Bildwelt nach dem weltweiten Erfolg der US-Serie *Holocaust*. Dieser Entwicklungspfad belegt: Es besteht ein permanentes Wechselverhältnis zwischen dokumentarischen, kinematographischen und fiktionalen TV-Aufarbeitungen der Holocaust-Thematik seit 1945, die 1978 in der Serie *Holocaust* kulminiert und danach wiederum in alle drei Formate (Dokumentation, Kinofilm, TV-Serie) hineinwirkt. Keines dieser Formate kommt ohne die jeweils anderweitig geprägte und im Medienwechsel transformierte Ikonographie aus. Man kann soweit gehen, diesen Prozess als eine allmähliche Überschreibung der dokumentarischen Bilder durch die inszenierten Bilder zu bezeichnen (Ebbrecht 2011, S. 313).

Die fiktionalisierten Geschichtserzählungen überlagern den Diskurs der Historiker und etablieren nicht nur die ikonischen Bilder sondern auch die Terminologie. Wie der Begriff Holocaust selbst, ist also auch die medial geprägte Ikonographie der historischen Ereignisse übergeleitet in eine populäre Mythologie, eine Verdichtung im Sinne von Roland Barthes. So basieren die Inszenierungen in *War and Remembrance*, *Band of Brothers* oder *Klemperer* nicht primär auf historischen Bilddokumenten, sondern bereits auf der audiovisuellen Verdichtung aus früheren Fiktionalisierungen.[1] Aus diesem Bildarchiv schöpfen Filmemacher wie Zuschauer gleichermaßen – in diesem kollektiven Bildgedächtnis, das medial geprägt und

---

[1] Sie können daher als mediale Simulakren bezeichnet werden, buchstäblich als Zeichen von Zeichen.

gespeichert ist, entsteht ein ‚moderner Mythos' (Barthes 1964) über die Geschichte. Während sich der Kinofilm in seiner vergleichsweise dichteren (weil kürzeren) Erzählung vor allem einer Verschachtelung von Vergangenheit und Gegenwart bedient („meaningful montage", Insdorf 1989, S. 29–43), baut die epische Narration der TV-Serie eher auf eine wachsende Vertrautheit mit den Protagonistinnen und Protagonisten. Hierzu bietet sich wiederum die Familiensaga an, die Trennung und Wiedersehen immer neu beschwören kann.

Diese Phänomenologie wirft die Frage auf: Handelt es sich angesichts dieser Gemeinsamkeiten um Beispiele eines homogenen Genres? Die Homogenität von Ikonografie, Handlungsort und -zeit und standardisierter Situationen spricht dafür. Die genannten historisch basierten Elemente sind klar definiert und wiedererkennbar und entsprechen meist den Erwartungen und dem bereits kultivierten Bildgedächtnis des Zielpublikums. Auch die Intention einer illusionistischen Rekonstruktion der Vergangenheit ist in fast allen Beispielen gegeben. Holocaust-Film und -Serie entsprechen damit den motivisch benannten großen Genres (etwa Western, Kriegsfilm, Historiendrama). Allerdings ist der Korpus ungeachtet der historischen Häufung in einigen Epochen relativ gering, was dafür spricht, dass es sich um eines der ‚kleinen Genres' handelt, die nicht eindeutig Subgenres eines der großen Genres wie Kriminalfilm, Melodram oder Phantastik entsprechen, sondern eine vergleichbare Homogenität und Eigenart repräsentieren, ohne deren Verbreitung zu teilen. Eine andere Möglichkeit wäre die Diskussion von Holocaust-Filmen und -serien als Repräsentationen eines Hybrid-Genres, das Elemente unterschiedlicher großer Genres synkretistisch vereint, ohne mehrheitlich einem davon zuordenbar zu sein. So finden wir hier Elemente des Kriegsfilms (die Epoche des Zweiten Weltkrieges), namentlich auch des Kriegsgefangenenlagerfilm (wobei das Konzentrationslager allerdings einem anderen Zweck diente als der bloßen Internierung gefangener Feinde). Vor allem in englischsprachigen Publikationen finden sich Hinweise auf Lagerfilme im Kontext des Gefangenenlagerfilms. Beispiele wie die Miniserie *Sobibor* arbeiten auch ganz bewusst mit dieser Assoziation. Zudem finden wir hier zahlreiche Elemente des Melodrams, speziell auch des Familienmelodrams (das ist besonders auffällig in Serien wie *War and Remembrance*, *Klemperer* oder natürlich *Holocaust*). Grundsätzlich kann man auch von Historienfilmen sprechen, die anhand fiktionaler Einzelschicksale in geschichtsträchtiger Zeit von epochalen Ereignissen berichten und diese ikonisch verdichten.[2]

---

[2] Falls man Holocaustfilme und -serien weder als ‚kleines Genre' noch als ‚Hybridgenre' klassifizieren möchte, so belegt dieses Phänomen dennoch, dass sich aufgrund einer kaum bestreitbaren und anhaltenden Relevanz ein generisches Modell als langlebig und zugleich erstaunlich stabil erweisen kann, ohne die grundlegende Problematik der Genredefinitionen in Film und Fernsehen zu erleichtern.

8 Fazit

Wie der Spielfilm über den Holocaust tendiert auch die Fernsehserie zu einer geschlossenen Erzählform. In der Serie wird die Geschichte zwar größer und komplexer angelegt, gerade die Familienepik kulminiert jedoch meist an einem finalen Punkt der Zusammenführung der Überlebenden, was zugleich den Schlusspunkt der fiktionalisierten Epoche darstellt. Die ‚offene Form' der populären Serien, die über mehrere Staffeln und Jahre entwickelt werden, bietet sich hierfür nicht an. Das erklärt auch die starke Präsenz von Miniserien in diesem Kontext.

International folgen die Fiktionalisierungen der Ära des Dritten Reiches und des Holocaust dem jeweiligen nationalen Diskurs. Dabei werden die etablierten Bilder durchaus in unterschiedlichen Kontexten eingesetzt und damit ihrer eigentlichen Semantik weitgehend entbunden. So finden sich in Serien aus der ehemaligen DDR zwar deutliche Hinweise auf Kriegsverbrechen und Massaker der Nazis, die spezifische Verfolgung der Juden oder anderer (nichtpolitischer) Opfergruppen spielt jedoch keine Rolle. Die jüdischen Opfer werden ggf. marginalisiert zugunsten der ‚antifaschistischen' Häftlinge, deren Widerstand konform mit der SED-Politik ging.

Auch die bundesdeutschen TV-Serien mit Holocaust-Thematik folgen einem anderen Modell als die amerikanischen, indem zwar das Muster der groß angelegten Familienerzählung beibehalten wird, ins Zentrum jedoch eher die langsame Veränderung des Alltags unter der Verfolgung durch die Nazis tritt, während die Situation der Deportierten in den Konzentrationslagern nie explizit inszeniert wird. In *Klemperer* gelingt es den Protagonisten immer wieder, der Deportation zu entkommen. Eine Serie wie *Heimat* fokussiert sich ganz auf das Alltagsleben der Landbevölkerung und erwähnt die Deportationen lediglich im Dialog. Auf diese Weise bilden sich jeweils nationalspezifische Diskurse über den Holocaust und die historische Ära in den Erzählmustern und Inszenierungen ab. So stammen die tatsächlichen Aufnahmen aus den Konzentrationslagern von den Kamerateams der Alliierten, und die expliziten Nachinszenierungen des Lagergeschehens nach 1978 wurden vor allem von amerikanischen Produktionen im Kino und im Fernsehen geleistet. Die deutschen Produktionen arbeiten hier mit einem semantischen Verweissystem, etwa wenn Frau Klemperer ihren Mann im letzten Moment vor der Deportation retten kann – hier gemahnen die Aufnahmen der von Rauchschwaden umgebenen Waggons im Gegenlicht exakt an jenes Urbild aus *Ostatni Etap* und *Nuit et Bruillard*. Es geht in deutschen Produktionen also eher um Verweise im Bewusstsein der international etablierten Ikonografie, ohne diese selbst zu rekonstruieren.[3] Darin ist weniger ein ungewöhnlicher neuer Blickwinkel zu sehen, wie

---

[3] Siehe hierzu Schlöndorffs Äußerungen zur Subjektivierung des Lagererlebens in *Der neunte Tag*.

ihn neuere Dokumentarfilme einnehmen (von *Stalags/Pornografie und Holocaust*, 2008, bis *Am Ende kommen Touristen*, 2007), als vielmehr eine Scheu, das durch Claude Lanzman und Theodor W. Adorno diskursivierte Abbildungstabu zu durchbrechen.

Während internationale TV-Serien nur noch selten explizit Bezug auf den Holocaust nehmen – es sei denn als Nebenschauplatz im historischen Kontext wie bei *Band of Brothers* – tritt im deutschen Seriendiskurs statt dessen jener Blick auf die deutsche Bevölkerung im Dritten Reich in den Fokus, wie ihn *Unsere Mütter, unsere Väter* (2013) von Philipp Kadelbach oder *Dresden* (2006) von Roland Suso Richter vermitteln. Verfolgte und Deportierte tauchen hier allenfalls in Nebenrollen auf (etwa die Goldberg-Figur in *Dresden*), primär geht es um das Leid unter der Bombardierung. Dennoch ist die bildmächtige Wirkung ikonischer Fiktionalisierungen des Holocaust im Fernsehen nicht gebrochen: Sie lebt weiter in zahllosen Dokumentationsreihen (etwa aus der ZDF-Redaktion von Guido Knopp), die sich deren Ikonographie aneignen, um historische Aufnahmen zu (melo)dramatisieren bzw. Reinszenierungen an diese Stelle zu setzen: ein letzter Schritt der Überschreibung historischer Bilddokumente durch populäre Ikonographie. Das mediale Simulakrum ersetzt das historische Bildarchiv.

Filmografie

Alle im Buch thematisierten Fernsehserien mit Holocaust-Thematik in chronologischer Reihenfolge:
Am grünen Strand der Spree (D 1960, WDR)
Das Haus in der Karpfengasse (D 1963, WDR/Independent-Film GmbH)
Stawka wieksza niz zycie/Sekunden entscheiden (Polen 1967/1968, Telewizja Palska TVP/Zespól Realizatorów Filmowych Syrena)
Holocaust/ Holocaust – Die Geschichte der Familie Weiß (USA 1978, NBC)
Archiv des Todes (DDR 1982, MDR)
Ein Stück Himmel (D 1982, WDR)
Heimat (D 1982 ff., Edgar Reitz Film/SFB/WDR)
Au Nom de Tous Les Miens/ Martin Grey – Schrei nach Leben (Frankreich/Kanada 1985, Les Productions Mutuelles Ltée, Producteurs Associés, TF1 Films)
War and Remembrance/ Feuersturm und Asche (1988, Dan Curtis Productions/ABC Circle Films/Jadran Film)
Die Bertinis (D 1988, ZDF)
Klemperer – Ein Leben in Deutschland (D 1999, MDR/Studio Babelsberg)
Madar-e sefr daradscheh (Iran 2006/2007, Islamic Republic of Iran Broadcasting Channel/Filmservice Kft)
Band of Brothers/ Band of Brothers – Wir waren wie Brüder (USA 2009, HBO)
Unsere Mütter, unsere Väter (D 2013, ZDF/teamWorx)

Literatur

Agamben, Giorgio. 2002. *Homo sacer. Die Souveränität der Macht und das nackte Leben.* Frankfurt a. M.: Suhrkamp.
Agamben, Giorgio. 2003. *Was von Auschwitz bleibt. Das Archiv und der Zeuge.* Frankfurt a. M.: Suhrkamp.
Agamben, Giorgio. 2004. *Ausnahmezustand.* Frankfurt a. M.: Suhrkamp.
Assmann, Jan. 1997. *Das kulturelle Gedächtnis. Schrift Erinnerung und politische Identität in frühen Hochkulturen.* München: C. H. Beck.
Barthes, Roland. 1964. *Mythen des Alltags.* Frankfurt a. M.: Suhrkamp.
Baudrillard, Jean. 1978. *KOOL KILLER oder Der Aufstand der Zeichen.* Berlin: Merve.
Baudrillard, Jean. 1982. *Der symbolische Tausch und der Tod.* München: Matthes & Seitz.
Brandt, Susanne. 1978/1979. Wenig Anschauung? Die Ausstrahlung des Film *Holocaust* im westdeutschen Fernsehen. In *Erinnerungskulturen. Deutschland, Italien und Japan seit 1945,* Hrsg. Christoph Cornelißen, et al. 2003. Frankfurt a. M.: Fischer.
Bruns, Claudia, et al. Hrsg. 2012. *Welchen der Steine du hebst.* Berlin: Bertz + Fischer.
Ebbrecht, Tobias. 2011. *Geschichtsbilder im medialen Gedächtnis. Filmische Narrationen des Holocaust.* Bielefeld: Transcript.
Foucault, Michel. 1983. *Der Wille zum Wissen. Sexualität und Wahrheit 1.* Frankfurt a. M.: Suhrkamp.
Fröhlich, Margrit, Hanno Loewy, und Heinz Steinert. Hrsg. 2003. *Lachen über Hitler – Aschwitz-Gelächter? Filmkomödie, Satire und Holocaust.* München: edition text + kritik.
Früchtl, Josef, und Jörg Zimmermann 2001. Ästhetik der Inszenierung. Dimension eines gesellschaftlichen, individuellen und kulturellen Phänomens. In *Ästhetik der Inszenierung. Dimension eines gesellschaftlichen, individuellen und kulturellen Phänomens,* Hrsg. Josef Früchtl und Jörg Zimmermann, 9–47. Frankfurt a. M.: Suhrkamp.
Goetschel, Willi. 1997. Zur Sprachlosigkeit von Bildern. In *Bilder des Holocaust: Literatur – Film – Bildende Kunst,* Hrsg. M. Köppen und K. R. Scherpe, 131–144. Köln: Böhlau.
Grimminger, Rolf. 1998. Terror in der Kunst. *Merkur* 2:116–127. (52. Jahrgang).
Halbwachs, Maurice. 1985. *Das kollektive Gedächtnis.* Frankfurt a. M.: Fischer.
Hickethier, Knut. 1998. *Geschichte des deutschen Fernsehens.* Stuttgart: Metzler.
Hobsbawm, Eric. 1996. *Wieviel Geschichte braucht die Zukunft.* München: Hanser.
Hübner, Heinz Werner. 1988. Holocaust. In *Geschichte im Fernsehen. Ein Handbuch,* Hrsg. G. Knopp und Siegfried Quant, 135–138. Darmstadt: Wissenschaftliche Buchgesellschaft.

Insdorf, Annette. 1983. *Indelible shadows. Film and the Holocaust*. New York: Cambridge University Press.
Jackob, Alexander, und Marcus Stiglegger, Hrsg. 2004. *Augenblick 36: Zur neuen Kinematographie des Holocaust*. Marburg: Schüren.
Junker, Detlef. 2000. Die Amerikanisierung des Holocaust. Über die Möglichkeit, das Böse zu externalisieren und die eigene Mission fortwährend zu erneuern. In *Gibt es wirklich eine Holocaust-Industrie? Zur Auseinandersetzung um Norman Finkelstein*, Hrsg. Ernst Piper, 148–160. Zürich : Pendo.
Keilbach, Judith. 1999. Fernseh-Geschichte. Holocaust und Nationalsozialismus im amerikanischen und im bundesdeutschen Fernsehen. In *Eine offene Geschichte. Zur kommunikativen Tradierung der nationalsozialistischen Vergangenheit*, Hrsg. D. Elisabeth und W. Harald, 118–144. Tübingen: Edition Diskord.
Keilbach, Judith. 2002. Fernsehbilder der Geschichte. Anmerkungen zur Darstellung des Nationalsozialismus in den Geschichtsdokumentationen des ZDF. *1999. Zeitschrift zur Sozialgeschichte des 20. und 21. Jahrhunderts* 17 (2): 102–113.
Keilbach, Judith. 2008. *Geschichtsbilder und Zeitzeugen. Zur Darstellung des Nationalsozialismus im bundesdeutschen Fernsehen*. Münster: Lit.
von Keitz, Ursula, und Thomas Weber. Hrsg. 2012. *Mediale Transformationen des Holocausts*. Berlin: Avinus.
Kilb, Andreas. 1999. Schund – Klemperer oder Ein Leben im deutschen Fernsehen. *Die Zeit* 45.
Knilli Friedrich. Hrsg. 1985. *Betrifft: Holocaust. Zuschauer schreiben an den WDR; ein Projektbericht*, (mitSiegfried Zielinski, Erwin Gundelsheimer, Frank Ostermann und Heino Mass). Berlin: Volker Spiess.
Knilli, Friedrich, und Siegfried Zielinski. Hrsg. 1982. *Holocaust zur Unterhaltung. Anatomie eines internationalen Bestsellers; Fakten, Fotos, Forschungsreportagen*. Berlin: Elefanten Press.
Koch, Gertrud. 1985. Kann man naiv werden? Zum neuen Heimat-Gefühl. *Frauen und Film* 38:107–109.
Koebner, Thomas. 2000. Vorstellungen von einem Schreckensort. Konzentrationslager im Fernsehfilm. In *Vor dem Bildschirm. Studien, Kritiken und Glossen zum Fernsehen*, Hrsg. Thomas Koebner, 73–91. St. Augustin: Gardez!.
Koebner, Thomas. 2013. *Roman Polanski. Der Blick der Verfolgten*. Stuttgart: Reclam.
Köppen, Manuel. 1997. Von Effekten des Authentischen – Schindlers Liste: Film und Holocaust. In *Bilder des Holocaust: Literatur – Film – Bildende Kunst*, Hrsg. Manuel Köppen und Klaus R. Scherpe, 145–170. Köln: Böhlau.
Köppen, Manuel, und Klaus R. Scherpe. Hrsg. 1997. *Bilder des Holocaust: Literatur – Film – Bildende Kunst*. Köln: Böhlau.
Kracauer, Siegfried. 1985. *Theorie des Films. Die Errettung der äußeren Wirklichkeit*. Frankfurt a. M.: Suhrkamp.
Kramer, Sven. Hrsg. 2003. *Die Shoah im Bild*. München: edition text + kritik.
Märthesheimer, Peter, und Frenzel Ivo. Hrsg. 1979. *Im Kreuzfeuer: Der Fernsehfilm Holocaust. Eine Nation ist betroffen*. Frankfurt a. M.: Fischer.
Martinez, Matías. 1997. Authentizität als Künstlichkeit in Steven Spielbergs Film *Schindlers List*. *Compass. Mainzer Hefte für allgemeine und Vergleichende Literaturwissenschaft* 2:36–40.
Monk, Egon. 1966. Parteinahme als Notwendigkeit. *epd/Kirche und Fernsehen* 17:1–2.

Müller-Bauseneik, Jens. 2005. Die US-Fernsehserie Holocaust im Spiegel der deutschen Presse (Januar-März 1979). Eine Dokumentation. *Historical Social Research/Historische Sozialforschung* (HSR) 30 Nr. 4.

Novick, Peter 2001. *Nach dem Holocaust. Der Umgang mit dem Massenmord.* München: dtv.

Olaf, Goebel. 1995. Wer ist Naziterrorist Peter Naumann: Aussteiger, VS-Agent, Bombenhirn, Einzeltäter, Verräter? Alles oder nichts? *Der rechte Rand* 37:11 f.

Ravetto, Kriss. 2001. *The Unmaking of Fascist Aesthetics.* Minneapolis: The University of Minnesota Press.

Reichel, Peter. 2004. Erfundene *Erinnerung. Weltkrieg und Judenmord in Film und Theater.* München: Hanser.

Schulz, Sandra. 2007. Film und Fernsehen als Medien der gesellschaftlichen Vergegenwärtigung des Holocaust. Die deutsche Erstausstrahlung der US-amerikanischen Fernsehserie *Holocaust* im Jahre 1979. *Historical Social Research/Historische Sozialforschung* (HSR) 32 (2007), Nr. 1.

Schultz, Sonja M. 2012. *Der Nationalsozialismus im Film.* Berlin: Bertz + Fischer.

Seeßlen, Georg. 2013. *Das zweite Leben des "Dritten Reiches". (Post)nazismus und populäre Kultur. Teil II.* Berlin: Bertz + Fischer.

Steven, Mintz. 2009. *African American voices: A Documentary reader, 1619–1877*, 8. Hoboken: Wiley.

Stiglegger, Marcus. 1999. *Sadiconazista. Sexualität und Faschismus im Film.* 2. Aufl. St. Augustin: Gardez!. (2002).

Stiglegger, Marcus. 2006. *Ritual & Verführung. Schaulust, Spektakel und Sinnlichkeit.* Berlin: Bertz + Fischer.

Stiglegger, Marcus. Hrsg. 2009. *Stille||Silence. Euthanasie in Hadamar 1941–1945.* Mainz: Ikonen media.

Stiglegger, Marcus. 2011. *Nazi Chic & Nazi Trash. Faschistische Ästhetik in der Populärkultur.* Berlin: Bertz + Fischer.

Wagner, Wolf H. 1987. *Der Hölle entronnen. Stationen eines Lebens. Eine Biografie des Malers und Graphikers Leo Haas.* Berlin: Henschel Verlag.

Weiß, Matthias. 2001. Sinnliche Erinnerung. Die Filme *Holocaust* und *Schindlers Liste* in der bundesrepublikanischen Vergegenwärtigung der NS-Zeit. In *Beschweigen und Bekennen. Die deutsche Nachkriegsgesellschaft und der Holocaust,* Hrsg. Norbert Frei und Sybille Steinbacher, 71–102. Göttingen: Wallstein.

The manufacturer's authorised representative in the EU is Springer Nature Customer Service Centre GmbH, Europaplatz 3, 69115 Heidelberg, Germany. If you have any concerns regarding our products, please contact ProductSafety@springernature.com

Printed and bound by CPI Group (UK) Ltd, Croydon, CR0 4YY

23/03/2026

02076395-0003